光文社知恵の森文庫

「他人の目」が気になる人へ

自分らしくのびのび生きるヒント

『「見た目」が気になる！症候群』改題

光文社

本書は『「見た目」が気になる!症候群』(二〇一二年、主婦と生活社)を加筆修正して文庫化したものです。

はじめに

「他人の目」など気にせず、自分らしくのびのびと生きていけたらどんなによいだろうと思ったことはありませんか？
「他人の目など気にしない」と言うときのイメージは、自分に自信があって、嘘がない、他人がどう思おうと揺るがない、という感じだと思います。そんなふうになれたらよいですね。

ところが実際には私たちのとても多くが、「他人の目」を気にして暮らしています。

小さい頃から「そんなことをしたら、人からどう見られるか」などというメッセージを周りの大人たちから与えられる機会も多いですし、日常会話の中でよく使われる、「かわいい」「きれい」「ブス」「イケメン」「スタイルがいい」「デブ」「おしゃれ」「センスがいい」「ださい」「イケてる」「キモい」など、いずれも「人からどう思われるか」についての表現です。これらは能力面の話に見えますが、実際には、「頭がよさそう」というのも実は同じです。「頭がよさそう」「仕事ができそう」「仕事ができそうに見えるか」という、やはり「他人の目」にどう映るかの話なのです。「メンツ」と言われる問題もそうです。「メンツをつぶされた」というのは、「他人からどう見られるかを台無しにされた」という意味ですから、「他人の目」問題の中核的存在です。

私は精神科医として仕事をすると同時に、講演活動や、ボランティア活動など様々な活動を通して実に多数の人と接していますので、いかに人が「他人の目」を気にして苦しんでいるかを実感する立場にいます。

本文でも少々触れますが、私が専門とする病気の一つが摂食障害であり、これは「自分の体型」についての「他人の目」を極端に気にする病気です。他にも「他人の目」に関する代表的な病気については本文でざっと紹介しますが、病気になる人は氷山の一角に過ぎず、普通に学生生活や社会生活を営んでいるように見える人でも、かなりの数の方が、「他人からどう見られるか」にとらわれ、苦しんでいます。

「他人の目」にとらわれることは、自分自身の苦しみにつながるだけではありません。

「他人の目」にとらわれるということは、人を気にしているようでいて、実は強烈に自分自身のことばかり見ているということ。「人からどう見られるか」というのは、自分だけについての話だからです。

ですから、自分のことばかり考えてしまい、結果として、人とのつながりが損なわれる、という副作用もあります。人は他人から支えられることで生きているわけですから、「他人の目」にとらわれることによって対人関係の質が落ちることは深刻な問題なのではないかというのが実感です。

本書では、そのような「他人の目」へのとらわれを全体として見ていくことによって、「他人の目」を気にする私たちが本当に得たいものを手に入れられるように、そして「他人の目」に縛られて自分の可能性を狭くしないですむように、目指していきます。そのことによって、人ともっと本当の意味でつながり、質の高い人生を送れるように、考えていきたいと思います。

「他人の目」問題と全く無縁という人はおそらくいないでしょう。

「自分は他人の目など気にしない！」と強く思っている人であっても、「他人の目を気にしないように見える」という「他人の目」にとらわれている場合があるからです。強がりみたいなものですね。

また、普段はそれほど気にしていなくても、何かの拍子に強烈に「他人の目」が気になるようになる、ということもあるのです。そんな点も本文で触れていきます。

本書が一人でも多くの方のお役に立つことを祈っております。

他人の目が
気になる人へ

目次

第五章　「他人」とはいったい何者？　143

本文デザイン　Malpu Design（佐野佳子）

第一章

なぜ「他人の目」が気になるのだろう？

「他人の目」が気になる原因は「プチ・トラウマ」

ほとんどの人が、多かれ少なかれ「人にどう思われるか」ということを気にしてはいるのでしょうが、それがどの程度か、ということには個人差があります。

気になり方が強い人と、そうでもない人の違いは、明らかに存在しています。

何がその違いを作るのでしょうか。

「他人の目」の気になり方が強い人の場合、だいたい共通して言えることとしては、批判的な人、心配性の人、過干渉の人が身近にいた、ということが多いものです。

「こんなことをして、人からどう見られると思っているの」

「あなたはどうしてこんなにだめなの」

「○○さんはもっとうまくできているのに」

「どうしてもっとうまくできないの」

「あなたのせいで△△になったのよ」

などというメッセージを、比較的近い距離の人から受け取ってきているのです。

私たちは小さい頃から、様々な評価を受けながら生きてきています。「いい子」「悪い子」「勉強ができる」「スポーツができる」「頭が悪い」「不器用」

「優しい」「意地悪」「スタイルがいい」「太っている」等々、あらゆるところに評価があるものです。

もちろん、ネガティブな評価は人を傷つけます。

日常生活においてネガティブな評価などによって傷つけられることを私は「プチ・トラウマ」と呼んでいます（医学的に「トラウマ」というときには、命に関わるほどの衝撃的な体験をしていることが前提になりますが、日常生活の中で「太っている」と言われても命に関わるわけではないので、本来の「トラウマ」と区別して、本書でも「プチ・トラウマ」と呼んでいきます）。

どんな人にも「プチ・トラウマ」はあるでしょうが、人によっては「プチ・トラウマ」（場合によっては本当の「トラウマ」）に満ちた環境で育っているものです。

身の回りには「プチ・トラウマ」を与えてくる人しかいない、というような環境もあります。

そんな環境で育ち、自分のありのままを安心してさらけ出せるような経験をしていないと、当然「他人とは、自分に評価を下して傷つける存在」として認識するようになります。

だから傷つけられないように、「他人の目」を気にするようになるのです。

周りの人が直接「プチ・トラウマ」を与えてくるわけでなくても、「そんなことをしたら人からどう思われるか」というようなことばかり言われて育ってきた人は、やはり「他人とは、自分に評価を下して傷つける存在」という認識を身につけていきます。

「プチ・トラウマ」を無数に体験してきた人は、自分についてのネガティブな評価を吸収して生きてきたわけですから、もちろん自分に自信がありません。他人を「自分に評価を下して傷つける存在」として認識するようになり、傷つけられないように、つまりネガティブな評価を下されないようにと、

『他人の目』が気になるスパイラル」に入ります。

つまり、このスパイラルは、「他人とは、自分に評価を下して傷つける存在」という認識を中心に回っているものであって、このスパイラルから抜け出そうと思ったら、まずはその認識を問い直さなければならない、ということなのです。

POINT

「他人の目」が気になる人は、他人を「自分に評価を下して傷つける存在」と認識している

「他人の目」を気にするほど自信がなくなる

第三章で詳しく述べますが、「『他人の目』が気になる心」と「自信」は深い関係にあります。

本当に自信があれば、人からどう思われようと気にならないはずで、自信がないから「他人の目」が気になるのです。そして、「他人の目」を気にすればするほど、自信はなくなっていきます。

どういうことかを説明していきましょう。

「他人の目」を気にするということは、自分を「まな板の上の鯉」にするということです。つまり、人からの評価に自分の価値を委《ゆだ》ねきってしまうということなのです。

自分を「まな板の上の鯉」にしてしまう、というのはとても無力なことです。

「まな板の上の鯉」でいるようでは、自信などつくわけがないのです。

よい評価を受けることもあるかもしれませんし、自信がついたように感じることもあるかもしれませんが、評価する主体が相手である以上、それは本当の自信とは違います。よい評価を受けたところで、「次もよい評価を受けなければ」というプレッシャーがかかりますし、「自分よりもよい存在」が現れれば、相手の注目はそちらに移ってしまうでしょう。

「まな板の上の鯉」は、それをコントロールすることもできず、ただじっと評価に耐えなければならない無力な存在なのです。

POINT

人からの評価に身を委ね「まな板の上の鯉」でいる限り、自信は生まれない

他人からの評価に「絶対」などない

他者による評価も、それが絶対的なものであればまだ自信につながる拠《よ》り所になるかもしれません。

例えば、「完璧な体型」というものがこの世にあれば、それを手に入れることによって確かに自信はつき、「他人の目」が気にならなくなるでしょう。ただし、その「完璧な体型」が永遠に完璧のままでいてくれれば、ですが。

実際には違います。ダイエットをして「目標3キロ減」を達成することはできるでしょう。それまで着られなかった服がかっこよく着られるようになるのは嬉しいものですし、自信もついて感じるでしょう。

でも一歩外に出れば、「自分よりもやせた人」「自分よりもスタイルがよい人」はいくらでもいます。

すると自信は失われてしまいます。

現実に「自分よりもスタイルがよい人」がゼロになるということはあり得ませんから、「スタイルがよくなれば自信がつく」という道に終わりはないのです。

さらに、やせた身体を維持するのも、ダイエットに無理があれば長続きしないものです。一般に、人が飢餓状態でいられるのは3週間程度と言われています。ですから、少し気を抜くと、リバウンドしてしまいます。すると、「もっとダイエットしなければ」というエンドレスの努力に入ってしまうのです。まるでベルトコンベアーをずっと逆走し続けるようなものです。

その他、ファッションやメイク、自分の人間関係や言動などについても基本的な構造は同じです。

どんな自信も、「よりよいもの」が現れるまでのつかの間のもので、とても不安定なのです。

ファッションやメイクが決まったと思っても、よりセンスのよい人を見ると自信を失ってしまう。

流行はどんどん移り変わっていきますから、常に情報を収集して目を磨いておかないと流行に乗り遅れてしまう。

自分の結婚相手は完璧だと思っても、他の人のパートナーとつい比べてしまい、自分の選択を疑ってしまう。

自分が話していることや、メールの返信が、ちゃんと空気を読んでいるのか、常に気にしてしまう。

あるときには評判がよかった話であっても、別の場面ではしらーっとされてしまうこともありますし、ある人に対してはちょうどよかったメールの返信のタイミングが、別の人にとっては「遅い」ということになるかもしれません。

これらすべてに「完璧」がない以上、常にその評価は不安定で、本当の自信は得られないのです。

取得した資格や試験の点数など、一見「絶対的」に見えるものであっても、その資格や点数がどのように受け取られるか、ということになるとやはり相手次第なのです。

ある資格をとって「よくやった」と自信がついたのもつかの間、「よりよい」資格を得た人を見れば自分の資格など取るに足りないものに思えることもありますし、同じ資格を持った人同士でも、「あの人のほうが有能」などという問題はついて回ります。

そこが、「他人の目」についての最も苦しい点の一つだと言えるでしょう。他人からの評価はどこまで行っても「相対評価」であり、また、「他人が決めること」だからです。

自分よりも「見た目のよい人」が出てくれば、自信は失われますし、ある人がよいと言ってくれても別の人が批判的であれば、やはり自信は失われます。


他者による相対評価ほど、不安定なものはないのです。


この不安定さは、実際に他人がどう見ているか、ということを超えて、「もしかしたら○○と思われるのではないか」というような強迫観念を次々と生み出していきますから、ますますエンドレスになります。

他人の胸の内など読むことができませんので、確かな安心がほしければ、相手の表情などから、心を読み続ける努力が必要となるのです。それが、「もしかしたら○○と思われるのではないか」

「相手は口先ではほめているけれども内心は△△と思っているのではない

か」

などという強迫観念につながっていきます。

POINT

他人による評価は不安定。それをもとに行動しているうちは、確かな安心は得られない

自分が誰よりも厳しい評価者になってしまう

「他人の目」を気にして、それを中心に生きていく、ということになると、どんどん「まな板の上の鯉」現象がひどくなっていきます。

自分の形を整えて、あとは相手の評価を待つ。
少しでも不安な要素があると、また自分の形を整えることを考える。
そしてその後はまた相手の評価を待つ。

こんな生き方をしていたら疲れますし、どんどん力を失っていってしまいます。

なぜかというと、「他人の目」に合わせて自分を変えようとしていくと、自分のよくないところにばかり目がいくようになってしまうからです。

自分にネガティブな目を向けておかないと、他人に悪く思われるかもしれない点をチェックできないため、結果として自分が誰よりも厳しい評価者になってしまうのです。

そのチェックはエンドレスで、何かしら改善があっても、「まだここがよくなっていない」というところに目がいってしまいます。それはまさに出口のない「スパイラル」なのです。

この「スパイラル」の出口のなさは、その構造からもわかります。

私たちは自信をつけたくて、他人からよい評価を受けようとします。同時に、自信さえあればこんなに他人の評価が気にならないはず、ということもわかっています。

つまり、「他人の目」を気にすればするほど、自分の自信のなさに直面する、ということでもあるのです。

自信をつけたくて「他人の目」を気にする、ところが「他人の目」を気にするたびに「自信のない自分」を感じる……という具合に、やはり出口はないのです。

冷静に考えてみればこの構造が理解できるのですが、「他人さえプラスの評価をしてくれれば自信がつくのに」と思っているときは、それが真実のように思えてしまうものです。

ですから、自分が出口のないスパイラルに陥ってしまっていることに気づきません。このまま自分を他人の評価に合わせていけばいつか出口に到着するだろうと思ってしまうのです。

POINT

「他人の目」を中心に生きていると、自分で自分をチェックしては自信をなくすスパイラルに陥ってしまう

相手から評価されなければ自分には価値がない？

このスパイラルの問題は、単に出口がないというだけではありません。ぐるぐると回れば回るほど、それ自体が私たちから自信を奪い無力化していく、というところが実は最大の問題です。

「もしかしたら○○と思われているのではないか」と自分の「足りないところ」にばかり目を向けていくと、自信はどんどんなくなっていきます。また、「まな板の上の鯉」状態でいる限り、私たちはどんどん無力な存在になってしまいます。

このスパイラルの根本には、「他人からプラスに評価されなければ自分には価値がない」という思い込みがあります。

そもそもが「他人からよい評価を受ければ自信がつく」という間違った仮説の上に成り立っているスパイラルなのですが、自信を他人からの評価に依存させているということは、まさに「他人からプラスに評価されなければ自分には価値がない」という意味になるのです。

ですから、「『他人の目』が気になる心」との取り組みは、本当の自分自身の価値を知る道のりでもあるのです。

ただし、このあたりは注意が必要です。「自分の価値」というキーワードを与えられると、またまた方向がそれてしまう人が多いからです。

人の「本当の価値」と思われるのは、能力であったり、性格であったり、何を成し遂げたかということであったりすることが多いのではないでしょうか。

ここにも大きな落とし穴があります。能力も、性格も、何を成し遂げたかということも、いずれも他人の評価なのです。

「能力がある」「能力がない」「性格がよい」「性格が悪い」「何を成し遂げたか」「何を成し遂げていないか」は、いずれも外側から評価できるものだからです。

私たちの本当の価値は、外側から評価できるような性質のものではありません。

どういうものかは、本書を通して見ていきますが、自分の本当の価値を知ることが、本当の自信につながっていきます。

つまりそれは外側から評価できるような性質のものから生まれてくるので

はないのです。

POINT

本当の「自分の価値」は外側から評価できるような性質のものではない

評価に潜む暴力性

ところで、評価とは何でしょうか。

私たちは何かを見たときに、それを自分なりに消化しようとします。
生物である私たちは、常に自分の安全確保をするようになっています。
異物が目の前に現れたら、それを自分なりに消化して位置づけないと、安全が確保できず、不安になります。

この、目の前に現れた異物の消化の試みが「評価」です。

目の前に現れた異物に対し、自分が知っていることに基づいて、「これはどういうものか」を判断するのです。

「よいもの」と評価すれば安心しますし、「悪いもの」と評価すれば疎《うと》んじ、「危険なもの」と評価すれば距離を置きます。また、「自分よりもすぐれているもの」と評価すれば尊重しようと思いますし、「自分よりも劣っているもの」と評価すれば軽んじます。

このこと自体は、生き物として当然のことで、悪いことではありません。しかし、それが「個人の」評価だということを忘れてしまうと問題が起こってきます。そもそも評価というのは、「個人が」知っていることに基づいて、「個人が」判断するものなのです。同じものを他の人が見たら、その「個人が」知っていることに基づいてその「個人が」判断するのですから、全く違う評価になることもあり得ます。

このように、評価というのはきわめて個人的・主観的なものなのですが、その自覚なく、唯一絶対の真理であるかのように相手に押しつけられることが多いものです。

これは一種の暴力とも言えます。その人にはその人にしかわからない事情があるのですが、それを無視して何かを決めつけ押しつける姿勢だからです。評価に暴力性があるということは、それに傷ついて「プチ・トラウマ」を受ける人がいるのも当然だということになります。

POINT

評価には、相手の事情を無視した「決めつけ」「押しつけ」という暴力性がある

ポジティブな評価にも暴力性が潜んでいる

なお、ここまでを読んで、「自分は別に傷つけられるのが怖いわけではない。ただ他人に認められたいだけ」と思った人もいるでしょう。

承認、称賛、という形での「評価」を求める人もいます。しかしその場合も、それほど構造は変わらないのです。

人から認めてもらわなければ、ほめてもらわなければだめな自分、というのは、やはり自信がない自分なのです。「傷つけられる」とびくびくしているわけではないけれども、ほめてもらわないとやはり傷つくのです。

そしてなぜほめてもらわなければもたないのか、というと、やはり今まで評価を下されながら生きてきたから、ということになります。

いつも他人の評価をもとに、

「自分はうまくいっているのだ」

「自分はこれでいいのだ」

ということを決めてきたため、他人がほめてくれないと、自分がこれでよいのか不安になってしまったり、だめな人間のような気になってしまったりするのです。

なお、暴力性というのは、何もネガティブな評価にのみあるわけではありません。ほめられるというポジティブな評価にも、ある種の暴力性がありま す。

例えば、自分の同僚ばかりが「仕事ができる」とほめられていたら、やはり苦しいでしょう。それは相対的に自分は仕事ができない、という評価を下されているのと同じことだからです。

また、自分自身が「仕事ができる」とほめられた場合、その場では嬉しいとしても、「今後、絶対に失敗してはいけない」というプレッシャーになってしまうことがあります。

あるいは、自分に自信がない人の場合には、「本当の自分を知られたら、仕事ができるなんて思われるわけがない」と、「本当の自分」が知られることを怖れる気持ちが強まるかもしれません。

「やせたね」と言われればその瞬間は嬉しくても「もう絶対に太れない」と不安になりますし、「おしゃれ」とほめられると「次もほめられるような服を着なければ」と苦しくなることさえあります。ポジティブな評価にも、決めつけや束縛など、様々な暴力性が潜んでいるのです。

POINT

他人からの承認、他人からの称賛も、
ネガティブな評価と構造はあまり変わらない

評価が気になる人と気にならない人

評価は確かにあちこちで下されているのですが、それを気にして傷ついてしまう人と、そうでもない人がいることも事実です。

これはどういう違いなのでしょうか。

一般には、「傷ついてしまう人は気にしすぎなのだ」とよく言われます。

しかし、「気にしすぎ」と言われて気にしないように努力してみたことのある人ならわかると思いますが、「気にしないようにしよう」というやり方はまずうまくいかないものです。

なぜかというと理由は簡単です。

「気にしすぎ」という評価が、また一つの「プチ・トラウマ」をもたらすからです。

他人から「気にしすぎ」と言われると、人は「やはり他人とは、自分に評価を下して傷つける存在なのだ」という認識を強化させ、その結果としてますます他人の目が気になる、ということになってしまうのです。

ですから「気にしないようにしよう」としてもまったくうまくいきません。それどころか、今度は「気にしすぎ」に見える自分が気になる、ということになってしまいます。

すでに「気にしすぎている」ということは、その人が「他人とは、自分に評価を下して傷つける存在」という認識を強く持っているということなのです。

一方、あまり気にしない人は、別の認識を持っています。

例えば他人の評価についても、

「それはあの人の見方」

「人は人、自分は自分」

などとさっぱり割り切ることができる人もいます。こういう人は、人それぞれものの見方が違うのだということを生育過程で学んできたのでしょう。「プチ・トラウマ」に満ちた環境で一方的に何かを押しつけられて育った人にはなかなか身につかない認識です。

あるいは、誰かから評価を下されたときに、

「実際は違う」

「そういう言われ方は不愉快になるからやめてもらえる?」

などと言い返すことができる人もいます。

こういう人は、評価というのはあくまでも一時的・主観的なものであり、働きかけによって修正可能だということを知っているのです。修正できないとしても、「もうこういう話はやめようよ」と、話題そのものを拒否する自由もある、と知っています。

これも、対等な人間関係がある中で育ってきた場合には自然に身につくけれども、「プチ・トラウマ」に満ちた生育環境ではなかなか身につかない姿勢です。

このように、評価というのはあくまでも一時的・主観的なものだということを知っていれば、「他人の目」についての感じ方もずっと変わってきます。「他人の目」が、相手の主観に基づく相対評価だということを知っているので、「よく評価されなければ」というところにとらわれにくくなるのです。

相手が自分をどう評価しようと、それは「相手」の「現時点」での評価に過ぎない、ということがわかるからです。

「相手」の「現時点」での評価は、相手側の現在の問題を反映していることもありますし、こちらからの働きかけによって修正していくことができる場合もあります。

それなのに評価を絶対的なものだと感じてしまうと、「相手の評価が悪いときには、自分側に問題があるのだ」と感じてしまい、自分をさらによくしなければ、というスパイラルに陥ってしまいます。

ですから、「他人の目」を気にする人と気にしない人の違いとは、他人の評価についてどのような認識を持っているか、というところにその本質があると言えるでしょう。「他人の目」を気にするのは自信がないから、と言ってしまうと、自分をよくして自信をつけよう、という出口のないスパイラルに陥ってしまいますが、その本質が評価についての認識にあるということがわかれば、取り組み方もわかってきます。

POINT

「評価はあくまでも一時的・主観的なものである」という認識が身についている人は「他人の目」を気にしない

他人のネガティブな言葉は「真実」ではない

「人から」何かを言われたときに、それをどう位置づけるか、ということは、「もともとその人がどのような環境で育ってきたか」だけで決まるものではありません。

「自分がどう見られるか」についてはとても気にするけれども、それ以外のことについては、他人が言ったことを単なる発言と位置づけて、ほとんど受け流している人もいます。例えば、ある病気についての知識を、その病気の専門家が言っているときには真剣に聞くけれども、ほとんど知識のない人が勝手な決めつけをしているのであれば聞く耳を持たないのと同じようなものです。

私たちは、そういう「普通のこと」については、「誰の意見を聞くべきか」ということを通常考えることができています。

でも、非常時など「誰が本当のことを言っているかわからない」という状態になってしまうと、あらゆる人の意見に耳を傾けてしまって、矛盾する情報の前にパニックになったりしてしまいます。

「他人の目」を気にしているときは、それと同様の状態になっています。なぜそうなってしまうのかというと、自分について他人から何か言われる、ということはそれ自体が自分の非を指摘されるという「非常事態」だからです。実際に何か言われるわけでなくても「相手は自分のことを悪く思っているのではないか」と感じられる状況は危険な「非常事態」です。

こういったとき、私たちはあらゆる情報をそのまま吸収してしまうのです。

それも、特に危険な香りのする情報にばかり目が向いてしまいます。

なぜかというと、あらゆる危険に備えておきたいときなので、その情報が危険であればあるほど、気になってしまうからです。

ですから、「他人の目」をひどく気にしている人の場合、「他人が言ったネガティブなこと」をほとんど「真実」のように受け取っているのが特徴です。

本来は、「他人が言ったネガティブなこと」はその人個人が言ったことに過ぎず、その人の個人的・主観的な感じ方を反映したものであり、およそ真実などではないのですが、「相手は自分のことをどう思っているのだろう」という不安が高まっているときには、当然「相手は自分のことを悪く思っているのではないか」という強迫観念が生み出されていますから、危険が次々と感じられ、危険情報（相手が自分について言ったネガティブなこと）にばかり目が向いてしまうのです。

POINT

「他人の目」を気にしているうちは
通常の判断ができないので、他人の言葉を
そのまま「真実」として吸収してはいけない

第二章

「プチ・トラウマ」を癒すヒント

病気の治療からわかること
——対人関係療法

前章では、「他人の目が気になる」ことによる自信の喪失などについてお話ししてきました。それだけでも十分な「生きづらさ」につながると思います。そして中には、心の病に至る人もいます。そんなところから、「プチ・トラウマ」の癒し方を考えていきましょう。

「他人の目」を気にする病気には、摂食障害（拒食症・過食症）、社交不安障害、身体醜形障害、うつ病などがあります（※60ページ注釈参照）。

私は対人関係療法という治療法を専門にしていますが、摂食障害にしても、社交不安障害にしても、うつ病にしても、いずれも対人関係療法の得意分野です。

対人関係療法というのはおもしろい治療法です。

通常、摂食障害の治療と言えば、食べ方とか体型についての感覚に焦点を当てていくと思われるでしょうが（そして実際に認知行動療法という治療法はそうやって行われます）、対人関係療法はそういうところには焦点を当てません。

あるいは、社交不安障害の場合、「人前で不安になる」というところに焦点を当てると思われるでしょうし、実際に社交不安障害に対する認知行動療法は、その不安のコントロールがポイントとなるのですが、対人関係療法は違います。

治療で実際に進めていくことは、「症状はさておき、リアルな人間関係の中で感じてもらう」ということです。

この、「症状はさておき」のところがユニークなのです。

対人関係療法では、「病気」というものを明確にします。

例えば、摂食障害であれば、「やせたい気持ち」「太るのが怖い気持ち」や、症状としての過食を、病気の症状なのだから「仕方のないもの」として見て、それによって人間関係が振り回されないようにするのです。「どうしてあなたはそんなに体型を気にするの」という視点から、「体型を気にする病気になっているのだから仕方がない」という視点にシフトして、どのようなストレスによって症状が強くなっているのかを見ていくのです。

周りの人たちも、

「体型を気にする病気になっているのだから仕方がない」

「ストレスが過食に向かう病気になっているのだから仕方がない」

という認識に立つと、本人を責めて「プチ・トラウマ」を増やすのを止めることができます。

その治療の詳細については拙著（『拒食症・過食症を対人関係療法で治す』）をご覧いただきたいのですが、全体としては、「人間の価値は、他人からの評価に左右されるものではない」ということを、理屈ではなく、人とのやりとりの中で、実際に感じていく、というプロセスを踏みます。

理屈でいくら「人間の価値は評価に左右されるものではない」と言っても、現に本人は「他人の目」を気にする病気にかかっているのですから、そんな自分の感じ方を恥じ、「プチ・トラウマ」を積み重ねることになってしまいます。

POINT

「症状はさておき」「病気なのだから仕方がない」から始まる対人関係療法が「プチ・トラウマ」を癒すためのヒント

摂食障害（拒食症・過食症）

自分がやせすぎているのに、体重増加を恐怖するのが拒食症。自分の体型が気に入らず絶食↓過食・嘔吐を繰り返すのが過食症。いずれも生活の自由を大幅に奪うため、治療が必要な病気です。

社交不安障害

自分が人前で恥ずかしいことをしたり変なことをやらかしたりすることが心配で、人を避けがちになる病気。全般的に引きこもりのようになることもあれば、「スピーチだけが苦手」という人もいますが、それが契機となって会社をやめてしまうほどの辛さを感じる病気。

身体醜形障害

本当はそんなことがない（あるいは軽い）のに、自分の外見が醜いと信じ込んでしまう病気。美容整形を繰り返す人もいますが、その結果にも満足できず、

「自分は醜い」という思いこみのもと、長時間鏡を見たりして過ごし、社会生活が送れなくなりがちな病気。

うつ病

うつ病の場合は、「他人の目が気になる」というよりも、自分というだめな存在が人に迷惑をかけている、生きていく意味がない、というような感じ方をします。気力や意欲がなくなり、「自分はだめだ」という感覚を強く感じます。ここまでにご紹介してきた病気との併存も多く、「どうせ迷惑な存在だと思われている」というような感じ方になり、自死を考えたりすることもある病気です。

「ありのまま」を認めることの重要性

対人関係療法の治療の中で起こっていくことは、「ありのまま」を認めてもらうという体験です。身近な人たちに、自分が今こう感じている、ということを、そのまま受け入れてもらうのです。

そもそも、私たちの「感じ方」には不適切なものなどありません。

感じ方というのは、自分にとってその状況がどんな意味を持つかを知らせてくれるものです。

それぞれの人が、生まれ持ったものも違えば、それまでに経験してきたことも違います。現在抱えている事情も違います。ですから、ある状況は、それぞれの人にとって違う意味を持つのが当たり前であり、そこでの感じ方も人それぞれなのです。

例えば、「そんな言い方をされると傷つく」というのは、その人の感じ方であり、決して「不適切」な感じ方ということはありません。他の人が見れば「傷つくようなことでもない」と思うかもしれませんが、本人の事情を考えれば、適切な感じ方なのです。

「他人の目」が気になる病気になっている人たちは、その多くが「プチ・トラウマ」に満ちた環境で育ってきており、自分の感じ方について「どうしてそんなふうにしか感じられないの」などと非難されてきています。

ですから、外部から直接ストレスを受けるだけでなく、それに対してストレスを感じる自分を、

「こんなことで傷つくなんて自分は弱い」

「こんなことをストレスに感じるなんて自分は未熟だ」などと責めてしまい、「プチ・トラウマ」を自分で増やしてしまっているのです。

「ありのまま」を認めるということは、自分の感じ方をそのまま認めてもらうということで、実は当たり前のことです。

むしろ、ありのままを認めないということのほうがおかしいのです。「その感じ方はおかしい」と言われても、感じ方は本人が恣意《しい》的にコントロールできるものではなく、いろいろなことの結果として起こってくるものです。治療の中で、ありのままを認めてもらう体験を積み重ねていくと、薬も使わずに病気すら治るほどの効果が示されてきます。「こう感じてよいのだ」という安心感が、自己肯定感を高め、「プチ・トラウマ」を癒していくのだと考えられます。

また、ここで大切なのは、現状を受け入れることであって、「犯人捜し」をすることではありません。

誰が批判的だったからこうなった、ということを追及するよりも、自分がそれほど厳しい状況に置かれてきたということを認め、そんな中で世の中を「他人の目」を通して見るようになったのも仕方のないことだ、と理解することです。

その理由の詳細はわからなくても大丈夫です。

ただ、何らかの理由があって、その結果として今現在自分はこんなに「他人の目」が気になるのだ、ということを認めればよいのです。「他人の目」が気になるのは、相応の理由があるのです。

このステップを踏まないと、「他人の目」を気にする心を手放すことはできません。

まずはこれでよいのだ、というふうに現状を認めることができると、「『他人の目』が気になる心」を手放す土台ができます。

POINT

「ありのまま」を認めてもらう体験に「プチ・トラウマ」を癒す効果がある

「ありのまま」を否定されるとどうなるか

摂食障害や社交不安障害になる人たちの特徴の一つに、ありのままを認められた体験に乏しいことが挙げられます。

ありのままを「どうしてお前はそうなのだ」「おかしい」と直接批判されてきた人もいれば、「そんなことをしたら人がどう思うか」という形で、他人や世間を引き合いに出されながら、ありのままに対して常に疑問を呈されてきた人もいます。

「おかしい」と言われれば、「おかしい」と言われないように、「他人の目」に合わせて自分の形を作ることになります。

そんなことをしていては、「他人の目」を気にするようになるのも当然のことなのです。

そして、ストレスがたまってあるレベルを超えたとき、「他人の目」が気になる病気になりやすい、ということも理解できます。

病気になると、それがまた周りの人の批判や心配の対象となっていきます。

拒食症の人は「どうして家族に心配をかけてまでやせようとするのだ」と言われ、過食症状がある人は「わがままだから我慢が足りない」「食べたり吐いたりして動物のようだ」「地球上には飢えている人もいるのに」という具合に、症状が人の批判の対象となっていきます。

あるいは、社交不安障害になると、「気にしすぎ」という批判を受けることになります。「誰も他人のことなんてそれほど気にしていないものだ。自意識が過剰なのではないか」というわけです。

身体醜形障害については、まだまだわかっていないところも多いのですが、やはり虐待やいじめを受けた人に起こることが少なくありません。

虐待やいじめというのは、自分のありのままを認められない体験の典型ですから、やはり「他人の目」に目がいきやすくなります。

また、虐待やいじめの場合、「自分はなぜいじめられたのか」という理由は、ほとんどのケースにおいて永遠にわからないものです。なぜかというと、単に相手の気分によって起こることが圧倒的に多いからです。

「自分はなぜいじめられたのか」がわからなければ、予防としてできることは唯一、「いじめられないように、できるだけ他人に批判されないように自分を整える」ということになります。

これは容易に「『他人の目』が気になる心」につながってしまいます。

POINT

他人の批判に合わせて自分の形をつくると、たまったストレスがあるレベルを超えた段階で病気になるおそれがある

他人の「ありのまま」を認めていますか？

「ありのまま」を認める、という話になると必ず出てくる抵抗が、「ありのままを認めてしまうとわがままになるのではないか」というものです。

実はここに大きな矛盾があります。

「他人の目」を気にして「ありのまま」を認めないほうが「わがまま」なのです。

なぜなら、「他人の目」を気にすることとは、「自分がどう見られるか」ということを、相手を思う気持ちより重視した、自分中心の考え方だからです。

この考え方は、相手が何を望んでいるか、どうしてあげることが相手にとって最もよいことかを考える「思いやり」とは大きく異なります。

他人の「ありのまま」を認めることは「思いやり」なのです。

実は、自分の「ありのまま」を認められない人は、相手の「ありのまま」を認めることも苦手です。

「人間はこうあるべき」という気持ちが強すぎて、相手についても不適切さを感じてしまうのです。

すると、相手を思いやるよりも、「相手はこうすべき」という気持ちが強くなってしまいます。相手のちょっとした言動に怒りを感じたりするのも、そのせいです。

同時に、「他人の目」は気になりますから、怒りをそのまま表現することは一般にしません。ですから、まさにストレスがたまるのです。

「思いやり」は、本来は相手の現実に合ったものでなければ意味がありません。

ですから、自分のありのままを認めてもらい、相手のありのままも認めることが「思いやり」には大切なのです。

POINT

自分の「ありのまま」を認められない人は、相手の「ありのまま」も認められず自己中心的になりがち

「想像上の他人」から「目の前の人間」へ

「他人の目」を気にする、というのは、他人を気にしているようであって、実は他人をきちんと意識していない感覚だということは、よく理解しておく必要があります。

というのが、人間は他人のことを、
「やせているか、太っているか」
「メイクが上手か、下手か」
「センスがいいか、悪いか」
「仕事ができるか、否か」

などの「評価」だけで見ているわけではないからです。

例えば、以前より太った人に会ったとき、瞬間的には「わあ、太ったな」と反応することもあるかもしれませんが、その後に、「でもそんなふうに考えたら悪いだろう」「太るだけの事情があったはずだ」などの思いがめぐり、結果としては何事もなかったかのように振る舞う、ということもあるはずです。

「他人」とはそれほど複雑な生き物なのです。

ところが、「他人の目」を気にしている人の多くは、目の前の相手のその複雑さを認識していません。

「想像上の他人」のことばかり考えて、実際には他人とほとんどコミュニケーションしていないことが多く、リアルな人間の実際についてあまり知らないことが多いのです。

つまり、リアルな人間関係の体験に乏しい、というのが、「他人の目」を気にする人の特徴の一つだと言えます。

これは、「対人関係能力がない」「友達が少ない」という意味ではありません。

「プチ・トラウマ」によって作られた、「他人とは、自分に評価を下して傷つける存在」という思い込みにそれだけ支配されているということです。「他人とは恐ろしい存在だ」と思っていれば、その実体と深く関わってみようとは思わないものだからです。

対人関係療法の治療においては、リアルな人間関係の中で、やりとりをしてもらい、いろいろなことを実感してもらいます。

そして徐々に「他人とは、自分に評価を下して傷つける存在」という認識を手放していくのです。

「他人とは、自分に評価を下して傷つける存在」という認識に基づく「頭の中の『他人』」に取り込まれることなく目の前にいる生の相手とやりとりすると、そこからはいろいろなことが得られます。

思ったほど相手が自分のことをネガティブに見ていないことに気づくこともあります。

実際にやりとりをしてこちらの気持ちを伝えることができれば、相手が自分について思い込んでいることを修正することもできるでしょう。

また、相手も完璧ではないと知ることができるのは大きな収穫です。

「相手もいろいろな事情を抱えた一人の人間なのだ」
「常に完璧に振る舞えるわけではないのだ」
「不適切な行動をとることもあるのだ」

　ということを理解すると、相手が言ったことの位置づけがしやすくなります。つまり、相手の言ったことは「真実」ではなく、「現在の相手の感じ方」に過ぎない、相手にも努力が必要なことがある、と考えられるようになるのです。

　このあたりは第五章で詳しく見ていきますが、「他人の目」が気になる病気の治療から得られるヒントは、そのまま病気でない人たちにも応用することができます。

POINT

「想像上の他人」とコミュニケーションをとることはできない。「目の前の人間」と接して認識を変えていこう

第三章

自信は「つける」ものではない

「自信さえつけば」のジレンマ

「『他人の目』が気になる心」を考える際に、多くの人が思うのは、「自信さえつけば」ということだと思います。


自信さえつけば、体型がちょっとくらい悪くても堂々としていられるはず。

自信さえつけば、服装などにかまわずいられるはず。

自信さえつけば、そして颯爽と仕事ができれば、むしろ無造作なファッションでもかっこよく見えるはず。

自信さえつけば、ノーメイクでも堂々と人に会えるはず。

自信さえつけば、ブランド品を持っていなくても不安にならないはず。

あるいは、ノーブランドのバッグでも存在感を持たせられるはず。
自信さえつけば、「キャラ」を作ることなく、素の自分を見せられるはず。
自信さえつけば、自分の話し方や内容にオドオドせず、堂々と自己アピールできるはず……。

という具合に、「自信さえつけば」という考え方は、「他人の目」が気になる心と、密接な関係にあります。

「『他人の目』に合わせて自分を変えれば自信がつくはず」という思いと「自信さえつけば『他人の目』など気にならないはず」という思いが、「『他人の目』が気になるスパイラル」を作っていく、ということはすでに見てきました。

しかし、「自信」の問題は、「『他人の目』が気になる心」との悪循環にあるだけではありません。

そもそも、「自信さえつけば」という考え方そのものに問題があるのです。

「自信をつけよう」と思ったときに私たちの目がどこに向くかというと、「どういうふうにすれば自信がつくのだろうか。こんなに何もできない自分なのに」と途方に暮れる感じだったり、「〇〇の資格をとって自信をつけよう」というものであったりします。

いずれも、「何かができる自分」「何かを持っている自分」という、自分への評価に目を向けたものです。つまり、「自信さえつけば」という気持ちは、「『他人の目』から見て自信がありそうに見えれば」ということであり、「自分への評価さえよくなれば」という気持ちとほとんど同じものなのです。

エンドレスであるところも同じだし、「自信さえつけば」と思えば思うほど自信がなくなる、というところも同じです。

「自信さえつけば」と「自分の評価さえよくなれば」は、現在の自分についての肯定感がない、というところも同じです。

「自信さえつけば」と言うことは「自信がない」と言っているのと同じことですし、「自分の評価さえよくなれば」と言うときには「自分への評価が低い」と言っているのと同じです。そうやって「だめな自分」をこれでもかと自分に見せつけているようなものなのです。

「自信がある」ことには、もちろん問題がありません。

しかし、「自信さえつけば」ということになると、「今現在、自信がない自分」というところに強烈に焦点が当たってきます。

「自信がない自分」に自信を持つことなどできず、「自信さえつけば」と思えば思うほど、自信がなくなっていく、という構造に陥ってしまうのです。

POINT

「自信さえつけば」と考えることは、今現在の自分の自信のなさを浮き彫りにすることと同じ

多くの人が考える「自信」は「イメージ」に過ぎない

そもそも、皆さんが考える「自信」とは、どんなものでしょうか。

自分のことが好きで、自分には力があると思っていて、他人から何か言われたくらいでは動じない、という感じでしょうか。

人目を気にしないですむような「軸」が自分の中にあるという感じでしょうか。

いずれにしても、人から何か言われたくらいで傷つかない、強い自分という「イメージ」なのだと思います。

多くの人にとって、自信とは「イメージ」なのではないかと思います。

なぜかと言うと、「自信さえつけば」と思っている人は、本当の自信とは何かを知らないからです。

自信がありそうな人を見て、「ああいうのが自信があるということなんだな」と思うことが、自信のイメージにつながっているのではないでしょうか。ところがそのイメージ通りに振る舞っても、自信が持てたとは言えないのです。

例えば、「自信があるということは、人前で物怖じせずに堂々と意見を言えること」というようなイメージを持っているとしても、実際に自分が意見を言ったときに誰かから少しでもネガティブなことを言われたら、やはり気になってしまうと思うのです。形だけは堂々としていることはできるかもしれないけれども、内心はドキドキ、ということになってしまうでしょう。

これはもちろん自信とは言えないものです。

つまり、いくら「自信があるというイメージ」通りに何かをしても、本当の自信がなければ意味がない、ということになります。

POINT

「自信があるというイメージ」はあくまでイメージ。本当の自信ではない

本当の「自信」とは何だろう？

「自信さえつけば」と言うときの「自信」とは、不動のもので、いったん獲得したらちょっとのことでは動じないもの、というようなイメージがあります。

また、「自分で身につけるもの」という印象があります。

まずは自分で自信をつけておいて、それから他人に接すれば、堂々としていられる、というような印象です。

こうやって見てみると、自信というのは、まるで何かの「もの」のようです。筋力トレーニングをして筋肉をつけておけば、そのあとの重労働に耐えられる、というような感じでしょうか。

しかし実際のところ、自信とはそんなものではありません。

自信とは、「自分を肯定する気持ち」を感じられることです。

自分についての感じ方がよいときに私たちは自信を感じます。「自分はこのままでよいのだ」という感覚こそが、本当の意味での自信です。自分についての感じ方が悪いと、「自信がない」と感じるのです。

つまり、「自信がない」というのは、「実際の自分がどうか」という話ではなく、あくまでも「自分についての感じ方がどうか」という話なのです。

客観的に見たときに同じだけのことができても、ある人はそんな自分に自信があるし、ある人は自信がないのです。

「あんなに美人で、あれだけ仕事もできるのに、どうして彼女はあんなに自信がないのだろう?」と疑問を感じてしまう人を時々見かけますが、これなどはまさに、「自信」というものが「自分についての感じ方」次第だということを如実《にょじつ》に表しています。

POINT

自信は「つける」ものではなく「感じる」もの。「自分を肯定する気持ち」を感じられることこそが本当の自信につながる

自分をプラスに評価するだけではだめ

「プチ・トラウマ」がたくさんある人は、自信がないでしょう。

それは当然のことで、「だめな人間」と、自分についてのネガティブな評価ばかり下されてきた人は、自分についての感じ方がよいわけがないからです。「だめな自分」という言い方そのものが、自分についてのよくない感じ方を表していますね。

「自信とは、自分についての感じ方」というところは大切なポイントです。

自信というのは、筋肉のようにトレーニングによって「あらかじめつけておくもの」ではなく、「その場で感じるもの」なのです。

あるとき、ある場面での、自分についての感じ方が、「自信がある」「自信がない」という感覚につながっていきます。

つまり、自信を感じたければ、「まず自信をつけておく」ことが必要なのではなく、「その場その場での自分についての感じ方をよくしていく」ことが必要なのです。

「他人の目から見た自分」が気に入っていれば、自分についての感じ方はよくなるでしょう。そういう意味では、「他人の目」と「自信」も無関係ではありません。

ただし、ここでのポイントは「自分が気に入っていれば」というところです。

「自分は他人からプラスの評価を得ている」ことに重きを置くのではなく、

「自分がよい感じ方をしている」ことが重要なのです。

注意したいのが、「気に入っている」というときには、「自分で自分をプラスに評価している」ケースもあるということです。「感じている」のではなく「評価している」のです。

例えば、「今日の自分の髪型が気に入っている」と言う場合、それは自分という評価者が「今日の私の髪型」をプラスに評価している、ということかもしれません。この場合、よりよい髪型の人が現れると、この「気に入っている」という感覚はひっくり返されてしまいます。評価は、あくまでも相対評価だからです。

一方、評価を超えて、なんだか今日の自分にしっくりしている感じが気に入っているのであれば、よりよい髪型の人が現れても大した影響を受けないでしょう。「しっくりしている感じ」は脅《おびや》かされないからです。

POINT

「自分がよい感じ方をしている」場合の
「気に入っている」気持ちは、ちょっとや
そっとのことでは脅かされない

「自分の好きなところを見つけよう！」のワナ

「自信をつけたい」と同様によく言われるのが「自分を好きになりたい」という言葉です。「自分を好きになろう！」というのは、最近ちょっとしたはやり言葉だとも言えます。

もちろん自分を好きになることはすばらしいことなのですが、どういうふうにすると自分を好きになれるのでしょうか。

また、そもそも、「好き」とはどういう感情なのでしょうか。

実は、「好き」というのは案外紛らわしい概念です。

「ありのままに対する愛情」を意味する場合もあれば、「プラスの評価」を意味する場合もあるからです。

前者の「ありのままに対する愛情」は「無条件の愛」と呼ばれるもので、後者の「プラスの評価」は「条件つきの愛」と呼ばれるものです。後者の場合、「仕事がうまくいっている自分が好き」ということであれば、仕事がうまくいかなくなったときには自分のことを嫌いになってしまうでしょう。

「自分の好きなところを見つけよう！」というようなアプローチは往々《おうおう》にして不自然になり効果も上がらないのですが、それも当然のことで、「自分の好きなところ」というのは、「条件つきの愛」のための「条件」に過ぎないからです。

そしてその「条件」とは、基本的に自分への評価に基づいています。

「自分の明るいところが好きです！」と言っても、何となくわざとらしくて本当に「好き」という感じを持つのは難しいですし、次の瞬間に誰かが「明るければいいってもんじゃないよね」などと言おうものなら、自分が好きだという気持ちはすぐにぐらついてしまうのです。

また、自分のよいところを見つけようとしても、それを相対評価に委《ゆだ》ねてしまうと、自分の「だめなところ」ばかりに目が向くようになってしまいますので、逆に自分を好きになれなくなってしまいます。

本当に自分を好きになりたいのなら、「好きなところを見つける」のではなく、自分に対してネガティブな目を向けて評価しない、という考え方のほうがわかりやすいのかもしれません。自分に対してネガティブな評価の目を向けない、ということは、自分のありのままを受け入れるということです。どこか気に入らない点があっても、「まあ人間なんだから仕方ないね」と自分に言える、ということなのです。

つまり、「自分が好き」ということは、「自分に批判的でない」ということであり、「自分のありのままを受け入れている」ということなのだと思います。

それは、「自分の好きなところを見つける」のではなく、長所も短所も含めて、今の自分はこれでよいのだ、と思う穏やかな気持ちだと思うのです。

POINT

条件をよりどころにすると、「ありのままの自分」を好きになれなくなるおそれがある

自信のもと①
「自分のありのままを受け入れる」

自信を持つにしても、自分を好きになるにしても、そのキーワードの一つが「自分のありのままを受け入れる」ということだと言えます。

そうは言っても、自分には確かに欠点と言える部分があるし、今後もっと改善していきたい部分もある、と思うでしょう。または、ありのままを受け入れてしまったら人間としての成長すら止まってしまうのではないか、と心配になるでしょうか。

実際にはそういうことはありません。

ありのままを受け入れるということは、「現在」の自分を受け入れることです。

現在、自分は何らかの状態にあるのですが、それは、ここまでの事情を反映したものです。ここまでの事情というのは、持って生まれたものや、小さい頃から今に至るまで経験してきた様々なことです。その結果として、現在の自分の状態があるのです。

そのありのままを受け入れるということは、「ここまでの事情の結果として今の自分がある」と認めるということ。

その際に重要な視点は、「自分はどんなときにもベストを尽くしてきた」ということです。

そんなことはない、自分はいつも努力が足りないのだ、と思われるでしょうか。

この感じ方がそもそも「プチ・トラウマ」を反映したものだとも言えるのですが、私たちはベストを尽くしていないことなど、あり得ません。「今日はここまでしかできない」と思うときには、それなりの理由があるのです。

我慢や努力が足りないわけではなく、疲労の蓄積であったり、体力の限界であったり、あるいは精神状態であったり、何かしらの理由があります。そのときの自分のコンディションを反映した何らかの理由があって、そのために「できない」のです。

これは努力不足などと呼ぶべき性質のものではなく、単なる限界です。

そんな限界の中、できるだけのことをやってきた結果が現状ですから、それは単にそのまま受け入れればよいのであって、「努力が足りない」などと評価を下す必要はないのです。

現状を受け入れても今後の進歩は可能ですし、逆に、現状を受け入れなければ、「もっと努力していればよかった」と過去のことばかりにとらわれてしまい、これから可能な進歩すらできなくなってしまうでしょう。

POINT

現在の自分は「ベストを尽くしてきた」結果であり、決して努力不足などではない

自信のもと②
「今の自分は、これでよい」

長所も短所も含めて、今の自分はこれでよい、とありのままを受け入れている人の場合、他人から何か言われてもそれほど動じません。他人が言ってくることをすでに自分の短所として受け入れているため驚かないということもあります。

あるいは、

「あの人はそう思うのかもしれないけれども、私はこのままでいいから」

「確かによくないところはあるけれども、今の自分はこれしかできないから」

という感じ方かもしれません。

こういう人は、流すところは流す一方で、相手が言うことの中で、取り入れた方が自分の役に立ちそうだと思うところがあれば、取り入れることができるものは取り入れるでしょう。

これは、一般に、「自信がある人」としてイメージされる姿だと思います。人から何かを言われても動じず、役に立ちそうなところは取り入れる、という力強さがあるからです。

ですから、「自信」の一つの重要な要素は、間違いなく、「自分のありのままを受け入れている」ということなのだと思います。

考えてみれば当たり前のことで、自分のありのままを受け入れていなければ、常に自分に対して「このままではいけない」という目を向けていることになります。

そんな状態を「自信がある」とは呼ばないですよね。

ありのままの現状を受け入れてしまうと成長できなくなるのでは、という疑問についてはどうでしょうか。

自信のある人、つまり自分のありのままを受け入れている人は、自分を前向きに成長させていくことができます。なぜなら、成長とは、今の自分を肯定するという土台の上にあるからです。

逆に、「このままではいけない」というところに何かを積み重ねようとすると、土台から崩れてしまいます。

自分のありのままを受け入れる、と言うと、「それがどういうことかわからない」「何をすればよいのかわからない」と言われることも時々あります。ありのままを受け入れるというのは、「何かをする」という意味ではありません。

むしろ「何もしない」ということ。

自分の現状に対して、プラスの評価もマイナスの評価も下さず、ただ「とりあえず今の自分はこれでよいのだ」と思うだけです。

これから変化させていきたいところがあるとしても、それは今の自分の延長線上に追加していけばよいだけであって、「今の自分はだめだ」という意味ではないのです。

もちろん、「今の自分はだめだ」という感覚は、「プチ・トラウマ」によって作られるもの。本当に自分がだめだという意味ではなく、自分はそれだけ多くの「プチ・トラウマ」の影響を受けてきたのだ、ということに気づけばそれで十分です。

POINT

「今の自分はだめだ」と思う感覚は、実際に自分がだめなのではなく「プチ・トラウマ」のせいだと気づくこと

自信のもと③
「まあ、自分は大丈夫だろう」

自信の一つの要素に、「自分は大丈夫」という、自分には力があるという感覚があると思います。

これは何も学力や仕事の能力のことを言っているわけではありません。むしろ、表面的な学力や仕事の能力は、「他人からの評価」に分類されてしまうもので、自分よりもできる人が現れるとたんにねたましく思い自信を喪失してしまうような、不安定なものになりがちです。

ここで言う「自分の力」とは、「まあ、自分は大丈夫だろう」という感覚です。

いろいろなことはあるかもしれないけれども、まあ、自分は何とかなるだろう、というような気持ちなのです。

自分についての信頼感であり安心感であるとも言えます。

これは単に「自分」についてだけではなく、自分を助けてくれる周囲の人たち、頼れば何とかしてくれる社会なども含んだ、「誠実にやっていれば助けてもらえる自分」についての信頼感や安心感だと言えるでしょう。

この感覚は、実はとても大切です。

人生は様々な変化への適応の連続なのですが、そんなときに「自分は結局のところ大丈夫」と思えるか、それともいちいち土台から崩れてしまって圧倒されてしまうのか、というのは大きな違いだからです。

「まあ、自分は大丈夫だろう」というのは、自分の内から出てくる感覚で、実はここまでにお話ししてきた「自分のありのままを受け入れる気持ち」と深い関係があります。

「今は、これでよい」と思えれば、全体に、「まあ、自分は大丈夫だろう」と思えるようになるのです。


もちろん結果がどうなるかを予測することはできません。

しかし、どんな瞬間にも「今は、これでよい」と思えれば、いつでも「大丈夫」と感じられるようになります。結果がどうなるかということよりも、いつでも「今は、これでよい」と思えることのほうが、ずっと「大丈夫」感につながるのです。

POINT

ありのままを受け入れ「今は、これでよい」と思う気持ちが「自分は大丈夫だろう」という信頼につながり、自信が生まれる

第四章

「評価される対象」から「感じる主体」へ

自分には「感じる力」があるということを知るために

自信を感じたければ、「まず自信をつけておく」ことが必要なのではなく、「その場その場での自分についての感じ方をよくしていく」ことが必要だと前章でお話ししました。

自分についての感じ方をよくして、それを受け入れられるようになると、「一方的に評価される自分」から「感じる主体としての自分」にシフトできるようになります。

しかし、「一方的に評価される自分から、感じる自分へのシフト」と言われたとき、「プチ・トラウマ」を受けてきた人は、

「感じることなんてできない」

「何が自分の感じ方なのかわからない」

とパニックになってしまうかもしれません。

そして、そのように「感じられない自分」にダメ出しをしてしまうと、また「プチ・トラウマ」が増えてしまいます。

ぜひ知っておいていただきたいのですが、どんな人にも感じる力は備わっています。

まずは「何が自分の感じ方なのかわからない」とパニックになる自分の「ありのまま」を受け入れてください。

そして少しでも何かを感じたときは、その感じ方が適切かどうかということを疑うのではなく、感じた自分をほめてあげてください。

「感じ方」というのは、「その人が持って生まれたものや今まで経験してきたことを通して見たときにその状況がどういう意味を持つか」ということです。

ですから、不適切な感じ方などというものはなく、あらゆる感じ方が、その人の事情を反映した適切なものなのです。感じた自分を肯定《こうてい》するところから始めましょう。

POINT

何かを感じた自分をほめて肯定することで、徐々に「感じる力」が身についていく

本当の自分はどう感じている？

「キャラを作る」ということをやっている人の場合、その「キャラ」によって感じ方が様々なので、どの感じ方が自分の本当の感じ方なのかがわからなくなってしまう、ということも往々にして起こってきます。どんな感じ方も「嘘」のように思われてくるのです。

こんなときも、まずはそんな自分のありのままを認めるところから始めましょう。

「『プチ・トラウマ』をいろいろと受けてきた結果として、『他人とは、自分に評価を下して傷つける存在』という信念を持つようになってしまったのだ」
「『キャラ』を作ることで自分を守って生き延びてきたのだ」
というプロセスをまずはねぎらいましょう。

そして、少しずつ、その信念を変えるような体験を重ねていけばよいのです。

今のところはどんな感じ方も「嘘」に思われるかもしれませんが、それぞれの中に少しずつ「本当」があるということに、いずれ気づいていくでしょう。

そもそも「キャラを作ろう」と決めたのは自分自身に他ならず、そこで作られた「キャラ」は、自分自身と何らかの関係があるものなのです。

どうしてその「キャラ」を作ろうと思ったのか、というところには自分の感じ方が反映されているはずです。

暗い自分が嫌だと思ったら明るい「キャラ」を作るかもしれません。

自分の「キャラ」が立ちすぎたと思ったら、控えめの「キャラ」にトーンダウンするかもしれません。

あるいは、ある「キャラ」に疲れていても、今さら変えられないと思って耐えているのかもしれません。

「暗い自分が嫌」

「キャラが立ちすぎると危険」

「キャラ替えは難しい」

ということを感じているのは、全部自分自身です。

これらの感じ方が「プチ・トラウマ」を反映したものだということに気づき、「キャラ」を作りながら生きのびてきた自分の「ありのまま」を受け入れることができると、それぞれの「キャラ」の不自然さや矛盾はあまり気にならなくなってくるものです。一方、それに対して「嘘」などと評価を下してしまうと、「プチ・トラウマ」が強化されてしまいます。

ある意味では誰もが「キャラ」を作っているとも言えます。

ほとんどの人が、「外向きの顔」を持っているからです。ですから「キャラ」を作る自分を「嘘つき」と思うのではなく、少しずつ、「ありのまま」を見せられる味方を作っていきましょう。

POINT

「キャラ作り」のせいで自分がわからなくなっていても、まずはそうして生きのびてきたというプロセスをねぎらうこと

「感じる主体としての自分」の力強さ

「自分が気持ちよいと感じられることをしよう」という視点がこの頃広まってきたのは嬉しいことです。

「気持ちのよいこと」というのは、「他人からの評価」の対極にあるものです。

「他人の目」を気にしているときは、自分は「評価される」という受け身の存在で、まさに「まな板の上の鯉」であり、状況をコントロールすることができない、無力な存在です。

一方、「気持ちがよい」というときの自分は、「感じる」という主体的な存在です。

自分が主役なのです。

気持ちがよくなければそれをやめたり変えたりすることができる、力のある存在です。

自分の身体、ファッション、メイク、話し方、メールやＬＩＮＥ（ライン）の使い方などのライフスタイルにかかわるあらゆることは、実は人生における楽しみの要素でもあります。これらとどうかかわっていくかということが、人生を豊かにすることもまた事実なのです。

そこでキーワードとなるのが「感じる」ということ。

自分がどう感じているか、ということを中心にしていくのは、「周りからどう見られているだろうか」と「他人の目」を気にすることとは対極にあるものです。

とはいえ、これは通常よく言われる「周りにどう思われようと関係ない」という断絶的な姿勢とは微妙に違います。

「周りにどう思われようと関係ない」という姿勢は不自然ですし、効果的でないことが多いのです。詳しくは第五章で述べますが、何かに背を向けるような姿勢は、やはりうまくいかないのです。

「周りの人はそれぞれの事情を反映して、何かを思っている」

「そのことはそれぞれの思いとして尊重するけれども、自分は自分の感じ方を尊重する」

「なぜなら自分の感じ方は自分にしかわからないのだから」

このように考えれば、周りの人を「関係ない」などと切り捨てずに、自分の感覚に集中していくことができるでしょう。そして、その気持ちのよさを人に伝えていくことすらできるかもしれません。

気持ちのよさは、自然にしていても、ぽかぽかと伝染していくものだからです。

POINT

「気持ちがよい」と感じているときの自分は主役であり、「他人の目」を気にしない力強い存在である

「気持ちよさを感じる」ための具体的な方法

自分を「評価される対象」から「感じる主体」にシフトさせると、ライフスタイルにかかわるあらゆることが、人生における楽しみの要素になります。「他人の目」を気にして苦しくなってしまう場合があっても、「感じる」というキーワードで主体的にそれらとかかわっていければ、楽しみに変えることもできるのです。

ここでは、具体的な事例を見ていきましょう。

ダイエット

「評価される対象」としてダイエットをすると……

「やせさえすれば自信がつくはず」と思うあまり、本書で述べている「『他人からの評価』と『自信』のスパイラル」状態に陥ってしまいます。

そして、「やせさえすれば」ということばかり考えていると、「現在楽しめること」に目が向かなくなってしまい、結果として自信を感じるような機会が奪われてしまいます。

本当は改善できるようなことでも「自分が太っているからいけないのだ」と思ってしまうと改善する気にもならず、ますます自分が嫌いになるかもしれません。

また、日々やせることだけにエネルギーを使っていると、「やせるためにやらなければならないこと」に生活が支配されてしまい、どんどん自分が主体性のない無力な存在になっていきます。「やせるためにやらなければならないこと」をできているかどうかだけが生活を決めるようになってしまうのです。

そして、これらの努力の結果、仮にダイエットが成功したと思えても、自分よりも細い人やスタイルのよい人を見てしまったり、誰かから心ない一言を言われてしまったりすると、体型への自信は一瞬にして失われてしまうのです。

つまり、「やせるためのダイエット」は、成功することがあるとしてもつかの間であり、本当の意味での成功はないのです。

「感じる主体」としてダイエットをするために

ダイエットによる生活習慣の変化そのものを楽しみましょう。

たとえば、身体によい、おいしい食材を食べ過ぎずに味わうことの喜びをかみしめたり、運動をして身体が気持ちよさを感じたり、というものです。

もちろんストレスがたまることもあるでしょうが、それをやけ食いで解消しようとはせず、もっと健康的な方法で解決します。

これらは、「やせる」という結果がほしいからするのではなく、そのプロセスが楽しいからするのです。

「食べ過ぎずに味わう」というのも、食べ物そのものの味を味わうだけでなく、その食べものを作ってくれた人や大地、その大地を育ててきた多くの命に思いを馳せたり、その食べ物が今自分のもとに来ている「一期一会《いちごいちえ》」を意識したりすると、当然それを無駄にせず味わって食べたくなるものです。

ここを読みながら、「自分は食べ物を大切にしていない」と自分を責めてしまった人は、ちょっと気をつけてください。

食べ物を「自分を太らせるもの」「ストレス解消のために詰め込むもの」として見ているときの問題は、食べ物のことを大切にしていないということだけにあるのではなく、実は自分のことも大切にしていない、ということにこそ、その本質があります。

これは本書で見てきた「他人の目」の問題そのもので、「太った自分には価値がない」「自分のストレスなど、きちんと対処するには値せず、何かを詰め込んでごまかす程度のもの」という前提で、自分にネガティブな評価を下す姿勢になっているのです。

ですから、「食べ物を大切にできていない」ということで自分を責めてしまうと、単に「プチ・トラウマ」を一つ増やすだけです。

自分を責めるのではなく、まずはそんな自分のありのままを認めるところから全てが始まります。


健康な生活習慣のプロセスを楽しむとき、そこには、自分を愛おしんでいる要素があります。

「自分が楽しいからする」

「自分にとって気持ちがよいからする」

というのは、「プチ・トラウマ」が癒されず自分に厳しい評価を下し続けるときとはまるで違う、自分をいたわる姿勢です。

つまり、ジャンクな食べ物を自分に詰め込んで粗末にしたり、身体に必要な運動を与えずに血流を悪くして縮こまらせたり、ということをしないで、自分を大切にしているのです。

よいものを適量食べるわけですから太りませんし、身体をよく動かすので適度な筋肉もつき、脂肪燃焼効果もあって、結果としては「ダイエットが成功した」と言われるような状態になります。

「成功するダイエット」というのは、こういうタイプのものしかないと私は思っています。つまり「今の自分が嫌い」から発するのではなく、「もっと質の高い人生を送りたい」ということです。

ファッション

「評価される対象」としてファッションにかかわると……

「自分らしい」ファッションとは、自分の魅力を最大限に引き出すファッションであるとも言えます。そしてそれが本来のファッションの役割なのでしょう。

しかし、「評価される対象」として「プチ・トラウマ」の世界に生きている人にとって、「自分らしさ」「自分の魅力」というのは最も苦手な領域だと思います。

「自分らしさがわからない」

「自分には魅力なんてない」

と感じ、それらの解決策を「他人の目」に求めてしまうでしょう。

ある雑誌で「自分らしさ」を語っていた人に自分を重ね合わせて演じてみたり、他の「魅力的な人」の魅力を自分で採用してみたり、という具合に、解決を外側に求めてしまうと思うのです。

そしてそんな自分に空虚感を感じると、また「プチ・トラウマ」を強化する結果になってしまうでしょう。

「感じる主体」としてファッションにかかわるために

ここで参考になる例を一つ挙げましょう。A子さんは、育児などの事情のためにずっと家にいなければならず人と会うこともほとんどない、という状況で、毎日パジャマのような格好で髪も整えずに過ごしていたときには気分が暗く沈んでいたそうです。でも、ある日「自分のために」おしゃれをしたところ気分が明るくなった、ということです。

つまり、「自分が元気になるファッション」というものはあるのです。

この場合は「他人の目」問題から完全に解放されているのがわかると思います。

「人からどう思われるか」という評価の対象としての自分ではなく、「おしゃれする自分が楽しい」と主体的に感じる自分になっています。

ですから、まずは「自分が元気になるファッション」から始めてみるとよいと思います。

すると、「自分らしさ」「自分の魅力」は単にその延長線上にあるものだということに気づいてくるはずです。

こうなると、流行とのつきあい方も変わってくるでしょう。「流行についていけているか」という「他人の目」の軸ではなく「流行を取り入れたほうが元気になるか」という「感じる」軸で見ることができるからです。

「自分が元気になるファッション」をしているときに誰かから「ださい」などと言われたら、ということが心配でしょうか。

第五章でお話ししますが、かなり確信を持って「ださい」と言う人は、「評価体質の人」ということができます。「人生＝評価を下すこと」のようになってしまっているのです。そんな人たちは、自分自身も「感じるファッション」を楽しめていない可能性が相当高いでしょう。

他人に対して「ださい」と評価する人は、その人自身が「他人の目」にとらわれているのです。

また、常に最先端のファッションを追いかけるあまり、その「義務」を怠っている人に苛立ちを感じているのかもしれません。だから相手にもその「義務」を履行するように迫るのです。

本当はファッションなど多様であることに意味があるのに、その多様性を認められないという点で、すでにかなりの「評価体質」だと言えます。

メイク

「評価される対象」としてメイクをすると……

メイクは「見せる」ことがメインのものですから「他人にどう思われる

か」ということもその楽しみの一つでしょう。

しかし、メイクについての受け止め方は人それぞれ。

メイクそのものを不自然と感じる人もいますし、流行を極端に意識する人、控えめメイクが好きな人など、様々です。

ですから、「他人の目」に合わせようにも、どの「目」に合わせたらよいのかわからなくなってしまいます。

「感じる主体」としてメイクをするために

メイクも、やはり「自分が元気になる」ことを一番に考えるとよいでしょう。

最近は、病気で長期に入院されている方たちにメイクを施す仕事をしている人もいます。

病気だからと全てをあきらめてしまうのではなく、メイクをすることで顔色もよくなり美しくなると、やはり元気が出てくるのです。病気そのものは治らなくても、メイクが精神状態にかなりプラスの影響を与え、結果としては病気の経過にもプラスの影響を及ぼすでしょう。

この例からわかることは、「自分は○○に値しない存在」という考え方が精神的にマイナスだということです。

「病気で入院中の自分は美しくなることに値しない存在」と思えば、自己肯定感は下がってしまいます。

そして「自分は○○に値しない存在」という考え方そのものが、実は「他人の目」の問題にかかわってくるのです。患者は患者らしく、という「他人の目」を気にしているのかもしれません。

これは、実はノーメイクについても言えることです。

ノーメイクも一つの「自分を大切にする形」なのですが、「メイクくらいしないと社会人としてよくない」という考え方があって、その「他人の目」を気にして、本当はしたくないメイクをしている、という人もいます。

こんな場合には「自分はメイクをするかしないかを自分で選ぶに値しない存在」と考えているということになりますね。

メイクをするにしろしないにしろ、「感じる主体」としてメイクとかかわるときには、「自分は○○に値しない存在」という考え方からどれだけ解放されているか、というところがポイントになるでしょう。

「自分は○○に値しない存在」と考えているとき、自分が元気になることなどあり得ないからです。

ブランド品

「評価される対象」としてブランド品とかかわると……

ブランド品も、実は「終わり」がありません。

もちろん値段でいえば最高級品と言えるようなものはあります。最高級のブランドで、最高級の素材を使って作られたものは、本当に本当に最高級です。

しかし、それを持っていてもなお、「セレブぶってるよね」「あそこまでぎらつくなんて、空気を読んでいないよね」などと言われると、その価値は急速に下がってしまうのです。

また、高価なブランド品を持つことで自分が丁重に扱われるような気がして、ブランド品にとらわれていく、という人もいます。

お店で丁重に扱ってもらう感覚が快感で、「高価なものでも気前よく買う人」と思われたいあまり、経済的余裕がないのに買ってしまうということもあるでしょう。

「感じる主体」としてブランド品とかかわるために

ブランドそのものや物そのものとのかかわりを大切にしてみましょう。

それはどういうことかというと、その歴史に敬意を払ったり、手間をかけて原材料を選び丹念に作られた物に敬意を払ったりする、ということです。つまりそこに込められた思いであるとか、かけられた人手に思いを馳せてみるのです。

ブランド品は一種の芸術品ですから、もちろん単に「美しい」と感動して見とれるのでもかまいません。

「これを持つとどう思われるか」と頭で計算するのではなく、自分が、

「すごいと感じる」

「美しいと感じる」

「畏敬の念を感じる」

ことが大切なのです。

美術館で美しい絵を見ているとき、あるいは自然の美しさに打たれているときには、自分ではなく対象に目が向いているはずです。それと同じことなのです。


そして、そんなふうに敬意を持てる物を大切にしてみましょう。

よく手入れしてあげたり、いつも持ち歩いてあげたり、あるいは時々休ませてあげたり、そのものにぴったりの出番を見つけてあげたりしましょう。どこかが壊れてしまったときは大切に直してあげましょう。

そんなふうに長いおつきあいができるのも、ブランド品のよいところです。

人によってはブランド品を「羨ましい」と思うかもしれませんし、反対に「馬鹿馬鹿しい」と思うかもしれません。

そのどちらとも違う次元で、ブランド品の大切さを感じてあげることが、「他人の目」へのとらわれを手放していくことにつながるでしょう。

第五章

「他人」とは いったい何者?

「他人」について考えてみるべき理由

それにしても、「他人の目」が気になるときの「他人」とは誰なのでしょう？

いわゆる「世間」？

インターネット上の不特定多数の「誰かさん」？

嫌われたくないリアルな知人？

答えは、「他人とは、自分に評価を下して傷つける存在」という「プチ・トラウマ」を通して作られてきた「虚像」です。

「『他人の目』が気になる心」を癒すためのポイントは、「虚像」ではない「リアルな相手」に目を向けることです。

なぜなら、「『他人の目』が気になる心」を手放すためには、自分ではなく他人についてよく考えてみることが必要だからです。

「他人からの評価」というのは自分側の問題を反映したもののように見えますが、実際にはそれは相手側の問題です。

なぜなら、こちらは同じ状態でいても、相手によってその評価が違うからです。

同じ格好をしていても「おしゃれ」とほめてくれる人もいれば「ださい」と批判してくる人もいます。

あるブランドものを持っていることで神のようにあがめてくれる人もいれば、「露骨なブランドものはださい」と吐き捨てるように言う人もいます。

評価というのはあくまでも主観的なものですから、人によって評価が違うのは当然です。

もちろん、多くの人が「きれい」と言うスタイルはありますし、ほとんどの人が「ださい」と言うファッションもあります。

しかしこれも、それぞれの人がどれほど強くその感覚を抱いているか、ということになると、かなり個人差があるものです。

同じように「きれい」と言う場合でも、そのことに強い関心を持っている人と、社交辞令的に言っているだけの人がいます。あるいは、他の人が「ださい」と言うので、実際のところよくわからなくても同じように言っている、という場合もあるでしょう。

「他人からの評価」が自分側の問題のように感じられるのは、このように「多くの人がそう言う」「みんながそう言う」といった場合に、あたかも客観的事実のように思われるからなのですが、実際には「多くの人」も「みんな」も、一人一人がどのようなニュアンスで言っているかは異なるのです。

POINT

「他人からの評価」は客観的事実ではなく、相手の主観的評価。だからこそ個人としての「相手」について考えてみる必要がある

相手か自分か、境界線の問題

「他人の目」が気になる、というとき、私たちは、「相手が見る自分」と、「実際の自分」をほとんど混同しています。

しかし、本当のところは、「相手が見る自分」には、相手側の事情がかなり反映されているものです。

人は、何かをそのまま見るということがありません。
必ずそれぞれの「とらえ方」を通して見るのです。
その「とらえ方」を作るのは、その人の性格だったり、その人の価値観だったり、それまで歩んできた人生における様々な体験だったり、その日の気分だったりしたりします。

ですから、相手が見ているのは「実際の自分」ではなく、あくまでも、相手の「とらえ方」を通した「相手が見る自分」なのです。

ある振る舞いをしたときに、そのありのままを何の問題もなく受け入れる人もいれば、「人として問題がある」と感じる人もいるものです。

また、同じ人でも、その日の状態によって、受け入れてくれる日もあれば、そうでない日もあるでしょう。

前項でも述べましたが、「他人からの評価」というものは相手側の問題です。

相手には、それぞれの性格、それぞれが置かれている状況、今までの体験など、本人にしかわからない事情がたくさんあって、その結果としてその人はある言動をとるのです。

ところが、他人に評価を下されたときの私たちは、自分が悪いのだと感じて自分側を整えようとします。本来は相手側の問題なのに、自分側の問題であるように感じてしまうのです。

これが、「相手側の問題か、自分側の問題か」という「境界線の問題」として知られているものです。

POINT

相手側の問題を自分側の問題と混同するのはやめよう

相手には相手の事情がある

「他人からの評価」を「相手の問題」と認識するということは、突き放すということではなく、相手の事情を尊重するということです。

その事情の詳細はわからなくても、何かしら事情があるのだろうな、という目で見てあげることが、結果として相手への優しさにもつながります。

また、「他人の目」が気になる、ということは、暗黙のうちに「自分さえきちんとすれば相手はほめてくれるはず」という認識がある、ということです。

これは実はとんでもない押しつけになります。

どんな人にも、機嫌のよい日と悪い日があります。たまたま機嫌が悪い日に、「これだけおしゃれをしているのだから、ほめてね」と要求されたら苦しいでしょう。

「他人からの評価」に合わせて自分を整えて相手の顔色をうかがう、ということには、実はそんな側面もあるのです。

どんな人にも、うまく振る舞えない日があるにもかかわらず、相手の顔色をうかがっている人は、あらゆる人に、どんな日にも好意的に振る舞うことを期待しているようなものだと言えるのです。

これもまた「境界線」の問題です。

相手には相手の事情があって、その反応は必ずしもこちら側と関係があるわけではないのです。

たとえば「ださい」と言われた場合、それは確かにこちらに対して向けられた言葉ではありますが、それも、相手の機嫌の悪さなどを反映したものであり、相手が絶対的な真実を述べているわけではありません。「八つ当たり」という言葉もありますが、機嫌が悪いときには、とりあえず何でも悪く言う、という人もいます。

「八つ当たり」のきっかけを作るのはこちらの外見であったり言動であったりするかもしれないのですが、それはあくまでも「きっかけ」に過ぎず、こちらが「ださい」から相手の機嫌が悪い、ということとは全く違うのです。

確かにこちらが実際に「ださい」という場合もあるでしょう。

でも、そのことと、相手が「ださい」と言ってくることとは、違う話です。

これがよくわからないという人は、あなたが「ちょっとださいな」と思う人を見たときに、相手に向かって「ださい」と言うかどうかを考えてみてください。

多くの人の答えは「言わない」だと思います。

内心で「ちょっとださいな」と思うことと、それを相手に直接言うこととは、別の話だからです。相手に「ださい」と言うのは失礼だし傷つけることだと私たちは知っているので、そういうことは言わないのです。

ですから、それを言ってくるという時点で、相手には何か特別な事情があるのだろうと考えてみてください。

詳しくはこの後に述べていきますが、「本来人として言うべきでないこと」を言っている人、というのは、「つい言ってしまった人」か、何らかの形で心を病んでいる人なのです。

ですから、もしあなたが「ださい」と言われても、「自分がださいのは事実だから、それを言われたことは仕方がない」というふうに受け止めるのではなく、相手が「本来人として言うべきでないこと」を言った、というふうに受け止めるほうが正確なのです。

そのうえで、「つい言ってしまった人」を寛大な目で見てあげるか、「この人にはずいぶんと心を病むような事情があるのだろうな」などと考えるかして、相手の事情を尊重することに目を向けてみましょう。

POINT

自分をネガティブに評価してくる人には「何か特別な事情がある」と考えてみよう

人間は変化に違和感を抱くもの

人を見たとき、瞬間的に「太った？」「その服、ださくない？」などと、嫌な評価を下してくる人はいます。

そんなことを言われたら傷ついてしまいますね。そしてそれに応じて、自分が振り回されてしまうと、とても「自信」どころではありません。

しかしここで、「相手はなぜそんなことを言うのだろう」ということをちょっと考えてみましょう。

もちろん相手が単なる「評価体質」である人の場合もあるでしょう。

前にも少々触れましたが、「人生＝評価を下すこと」のようになってしまっている人を、本書では「評価体質」の人、と呼びます。詳しくは165ページから後述します。

しかし全員が全員「評価体質」の嫌な人、というわけでもなく、ただ「つい言ってしまう」という人もいます。あるいは、実際言葉には出さなくてもついびっくりした顔をしてしまう、という人もいるでしょう。

こういう人たちに何が起こっているのかというと、目の前の変化に衝撃を受けているのです。

久しぶりに会った相手が太っていたら、つい「太った？」と言ってしまったり、少なくとも驚きが顔に出てしまったりすることもあります。

これは単なる「変化への反応」であり、相手の状態への確信に満ちた非難というわけではありません。

変化に対して違和感を抱くのは、人間があらゆる変化に適応する上で自然なことです。人間は生き物ですから、自分の安全を確保する必要があり、そのための防御能力がいろいろと備わっています。

その一つが、「変化に対して違和感を抱く」というものです。

これは「この変化が自分にとってどういうものなのだろうか」ということを調べるためのステップです。

ですから、何か変化があったときに違和感を抱くのは当たり前なのです。

それが「眉をひそめる」というような現象として観察されたとしても、そこには必ずしも非難の意図は含まれていないのです。

POINT

相手が自分の変化に何かしらネガティブなリアクションをとったとしても、それは単なる「変化への反応」である

相手のリアクションの本当の意味を知ろう

「太った私を見て驚いた顔をした」というある一点だけを見て、その人の人格に評価を下すようなことをするのは不適切です。

そんなことをしたら、自分自身が「評価体質」の人になってしまいます。

人間はそれほど完璧な存在ではないのですから、瞬間的に未熟な反応をしてしまう、ということはどうしても起こってきます。

そして、とっさの反応は「驚き」や「違和感」であっても、人間はそれだけの単純な動物ではありませんから、それを自分にとってどう位置づけるかを考えていくものです。

一般的には、

「どうしたんだろう？」

「前のほうがよかったのに」

と思ってしまった自分に対して、

「本人が一番気にしているはずだ」

「人を外見で判断してはいけない」

と制したりして、衝撃を受けながらも一生懸命配慮して現実に適応していくよう努力するものです（こういう配慮が働かない人が「評価体質」（165ページ）の人だと言えます）。

そして、自分の中でもバランスをとろうとしますし、相手に対してもあからさまな反応をしないように努力するものなのです。

この「努力」をうまくできる人もいれば、そうではない人もいて、その結果、つい何かを言ってしまうということもあるでしょう。

つまり、つい「太った?」と言ってしまったり、驚いた顔をしてしまったりする人がいたとしても、それは単に努力の成果が人それぞれというだけの話であって、こちらのことを「それほどひどい外見」ととらえているという意味ではないのです。

そのことに気づかず、相手の態度にショックを受けてこちらも固まってしまうと、やりとりがぎこちなくなってしまい、お互いに余計な感情を刺激されたりするものです。

固まるのではなく、自分から「太ったから、驚いたでしょう」などと言ってあげるのは親切なことです。相手も態度が軟化し、「確かにちょっと驚いたけど、何か大変だったの？　身体の具合？　ストレス？」などと言いやすくなるはずです。

ときには、相手のちょっとした言動について、「自分が太ったから馬鹿にしているのではないか」などと解釈してしまうこともあるでしょう。

しかし、「他人の目」ばかり気にして相手の顔色をうかがい、相手の反応に対し、「ほらやっぱり。相手は私のことを変だと思っているんだ」などと思うことは、相手が「こちら側の変化」に適応するプロセスすら尊重してあげていないということになります。

これでは、どんなに驚くべきものを見ても、その場で瞬時に受け入れることを相手に期待しているようなものです。

変化に直面したときには適応のためのプロセスが必要な生き物である人間には、それは不可能なことなのです。

少しくらいの怪訝《けげん》な顔は、「自分が悪く思われた」という意味ではなく、「変化への適応に苦労しているんだな」と見てあげるのが最も適切ですし、そうすることで自分も楽になります。

POINT

自分の変化に対して相手が怪訝な反応をしてしまうのは「変化への適応に苦労している」から

「評価体質」の人って どんな人？ ①

「自分はありのままでいても大丈夫だろう」という感覚がほしくても、それを許してくれない人たちがいます。

いろいろと批判してきたり評価を下してきたり、一方的なアドバイスばかりしてきたり、責めるような質問をしてきたり、とにかくこちらの「ありのまま」が気に入らずに変えようとしてくる人たちです。

口を開けば他人についての評価ばかり、という「評価体質」の人たちとは、どういうタイプなのでしょうか。

評価とは何か、ということを38ページで見ましたが、評価とは、ある状況を自分なりに位置づけて安心するための試みです。

曖昧《あいまい》なものをそのままにしておくことへの耐性は、人によってかなり差があります。

かなり多くのことが曖昧でも「まあ、人生（人間）というのはそんなものだから」と放置しておける人もいますし、少しでも曖昧な要素に耐えられないという人もいます。

「評価体質」の人は、何かを自分なりに位置づけないと安心できない人である場合もありますし、それが「自分なりの位置づけ」であるという自覚に乏しい人である場合もあります。後者はどういう人かというと、自分と他人のとらえ方が違うということを「知らない」人です。

そういう人は、もちろん単に「思い込みが激しい人」という場合もあるのですが、それ以上に、自分自身が評価ばかりされてきた、ということが多いものです。

自分自身が評価ばかりされてきた人は、「プチ・トラウマ」に満ちていますから、51ページでお話ししたように、相手の評価を、まるで真実のように受け取ってしまいます。

本章で述べているような「相手の事情」など考えず、相手の評価をそのまま吸収してしまっているのです。また、「誰かから悪く言われたこと＝悪いこと」ととらえてしまうため、その価値観の軸は単一で、深みがない場合が多いのです。

ですから他人を見たときも、自分がされてきたときと同じように、「相手の事情」を考えることなく評価を下してしまうことが多くなります。

もちろん自分が評価ばかり下されてきたことを快く思っていなくて、自分は相手に対して寛大でいようとしている人もいます。

何かと決めつけられてきたことに反発を感じており、自分は違うふうに振る舞おうと思っているのです。そういう人を外から見れば、物わかりのよい、寛大な人に見えるでしょう。

ところが内面を見れば、自分自身にとても厳しい評価を下していることが多いのです。

自分が「プチ・トラウマ」を受けたことを癒そうとせず、それどころか自分を厳しく評価して、

「他人を理解している自分」

「寛大な自分」

を作ろうとしているのです。このように、自分自身の「ありのまま」を認めず「他人の目」を意識して我慢を積み重ねているのですから、他人に対して寛大でいることについて、かなりのストレスがたまってきます。

つまり、他人の「ありのまま」を受け入れることが難しく、いちいち評価を下したがる人は、自分自身にも同じように厳しい目を向けているもので、

なかなかリラックスできない苦しい人生を送っているというふうに見ることができます。

POINT

他人に評価を下したがる人は、自分自身にも厳しい評価を下して苦しい人生を送っている

「評価体質」の人ってどんな人？ ②

「評価体質」の人は、何かを自分なりに位置づけないと安心できない人である場合もある、と前述しました。

その基本にあるのは不安の強さです。

不安ゆえに「曖昧なものに耐えられない」度合いが強く、「つまりこういうことなんでしょう？」と同意を求めて安心したいのです。

「曖昧なものに耐えられない」タイプの人としては、発達障害を持つ人もいます。

一つのことが気になると、それを何かの形で片付けておかないと全く落ち着かないのです。

「つまりこういうことなんでしょう?」を超えて、「つまりこういうことね」と自分で決めつけながらやっていかないと、その曖昧さに圧倒されてしまって、まさに「もたない」という状態になってしまいます。

こういう人に対しては、「小さなことをいちいち決めつけながらでなければ生きていけないなんて、大変なんだな」という見方をすることができます。

もしも自分がこういったタイプの人に一方的な評価を下されても、相手を「大変なんだな」と思える見方を知っていれば、相手に対して優しい気持ちになれることさえあるでしょう。

POINT

「評価体質」の人の中には、不安が強いあまり、些末《さまつ》なことをいちいち決めつけないと生きていけない人もいる

「評価体質」の人ってどんな人？③

虐待されてきたなど、その人生が「トラウマ」や「プチ・トラウマ」に満ちている人の場合は、他人のメッセージのあらゆるところに「危険の兆候」を探しながら生きています。

人との間に危険をたくさん経験してきた人たちですから、またどこから危険が起こってくるか、ということにとても敏感なのです。

そういう場合、自分と異なる考えを持つ人に対して「危険」を感じることがあります。自分と異なる考えを持っているということは、自分の考えを否定する要素を持っているということであり、そこに「危険の兆候」を感じてしまうのです。

ですから、他人の言動に対して何かとネガティブな評価を下しやすくなる場合があります。

「どうしてこんなにひねくれたものの見方をするのだろう」

「他の人は違うふうに考えるんだな、とただそのままにしておくことがどうしてできないのだろう」

と、思うような人の場合、実はその根底に傷ついた心があるのかもしれません。

そう考えると、その人のことを、ただの「嫌な人」以外の見方で見ることができるようになります。

そして何と言っても、自分がネガティブな評価を下された場合に、それを「自分が悪いから言われた」とそのまま受け取ってしまうのではなく、相手の複雑な人生を反映したものなのだな、と「相手の問題」として見やすくなります。

POINT

傷ついた経験ゆえに危険に敏感になった人は、他人の言動にネガティブな評価を下しやすい

本当の意味で「相手」に目を向けていますか？

本章でお話ししてきたことは、「相手」に目を向けるということです。

一般に、「他人の目」を気にしないようにするためには、「相手を気にすることをやめよう」と考える人が多いと思います。

しかし、実際に必要とされることはその逆です。「相手を気にすることをやめる」のではなく、「本当の意味で相手を気にする」ことでこそ、人は「『他人の目』が気になる心」から解放されるのです。

「本当の意味で相手を気にする」ということは、目の前のリアルな相手に視線を移すことです。

虚像ではないリアルな相手を見て、相手にもいろいろな事情があるということを知ると、「プチ・トラウマ」によって形成された「他人とは、自分に評価を下して傷つける存在」という色眼鏡を外すことができます。

74ページで、「他人の目」を気にする病気になる人たちにはリアルな人間関係が少ない、ということをお話ししましたが、これは、病気ではない人たちについても言えることです。

もちろん表面的にはそれなりに人間関係がある人も多いのですが、そこで、本当の「人間関係」があるのか、というと、そうでもないのです。

本当の「人間関係」というのは、自分の気持ちを伝え、相手の気持ちも聴き、心のレベルでの交流が行われるものです。

自分をある程度オープンにしてさらけ出すことによって、相手も気持ちをさらけ出してくれて、そこにつながりを感じる、というとき、私たちは「受け入れられている」と感じるものですし、相手のことも最も受け入れやすくなります。

このことについては第六章で改めて述べますが、「他人の目」を気にしているときの私たちは、相手のことを、そのような深みのある存在ではなく、ただ自分に評価を下す機械のような存在として見てしまっており、不完全ながら一生懸命生きている一つの人格として見ることができなくなってしまうのです。

POINT

「相手を気にすることをやめる」のではなく、「本当の意味で相手を気にする」ことが重要

第六章

3つの「つながり」が
あなたを変える

①相手、②自分、そして③現在に「つながる」

前章では、「相手」のことを考えることによって「『他人の目』が気になる心」を手放せるという話をしました。また、第四章では、自分が主体的に「感じる」ことで「『他人の目』が気になる心」を手放せるという話をしました。

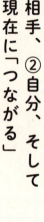

いずれも、「他人の目」を気にすることが分離を作り出し、そして、そこをつなげていくことで「他人の目」が気にならなくなる、ということを示していると言えます。

「他人の目」を気にしているとき、私たちは生の「相手」ではなく、「プチ・トラウマ」によって作られた「想像上の相手」にどう思われるかばかり気にしている、ということを第五章で見たわけですが、ここではまさに生の「相手」との分離が起こっていると言えます。

相手は目の前にいて、本人なりの思いがあるのに、こちらは、

「相手はこう思っているのではないか」

「こう思われたらどうしよう」

と、自分の頭の中ばかりにいるからです。

このとき、相手は分離され、疎外されているとすら言えるでしょう。

また、「他人の目」を気にしているときの私たちは、自分がどう感じるかではなく「どう見られるか」ばかり考えているわけですが、これは自分自身の感じ方との分離が起こっていると言えます。

自分自身の中心とのつながりが断たれてしまうので、グラグラするし、周りが言うことに振り回されてしまうのです。

そのように、自分自身とのつながりが断たれてしまうので、自信など持てるわけもなければ、自分を大切に思う気持ちも生まれないのです。自信とは、自分の中心からわいてくるものだからです。

ですから、「『他人の目』が気になる心」に対応するためのキーワードは「つながり」。

つながる先は、①相手、②自分、そして③現在です。

現在につながるというのはどういうことかというと、「今」の感じ方を大切にするということ。

「他人の目」にとらわれているときの私たちは、「やせさえすれば」などと、未来にとらわれて現在が留守になってしまっていることも多いですし、「○○だと思われたらどうしよう」と未来を思い煩《わずら》っていることも多いです。

また、「ああ、やはり前にいじめられたときと同じだ」と過去に心が行っているかもしれません。

そもそも、「他人の目」が気になる心のもとにある「プチ・トラウマ」は過去のもの。

過去の「プチ・トラウマ」によって作られた「他人とは、自分に評価を下して傷つける存在」というフィルターを通して現在のあらゆるものを見ている、というのが「『他人の目』が気になる心」なのだ、と考えれば、過去のために現在との分離が起こっているということがわかるでしょう。

POINT

「『他人の目』が気になる心」によって起こる分離は、3つの「つながり」で修復できる

だから「ありのまま」を認めよう

私がボランティアで携わっているアティテューディナル・ヒーリング（AH）では、評価を手放しながら人の話を聴く、ということを実践しています。

私たちは人の話を聴くときに、ほとんどの時間、過去の体験から作られてきた頭の中のデータベースを通して聴いています。

「評価を下す」などというのは、このデータベースがなければできないことです。

そうやってデータベースを通しながら話を聴いているので、現在目の前にいる相手の話「だけ」を聴いていることなどほとんどありません。

自分の思考も同時に聴いているのです。

ＡＨでは、相手の現在を聴く、ということを実践しますので、頭の中に何らかの考えが浮かんだときには、それを脇に置いて、もう一度相手の現在に集中し直す、ということを繰り返します。

つまり、目の前の相手の「ありのまま」を認めることで、①相手の③現在とつながり、そのつながりを感じることで②自分の③現在ともつながることができるようになるのです。

すると、よほどひどい「評価体質」の人でない限りは、ちょっとの練習で、相手への評価を手放すということが比較的すぐにできるようになります。

それができるようになる頃には、「他人の目」も気にならなくなっており、ただ温かい気持ちを感じていることが多いものです。

POINT

「ありのまま」を認めることが、3つの「つながり」を生み出す

3つの「つながり」は自分だけでなく相手も変える

相手の「ありのまま」を認めるといっても、相手から批判的なことや攻撃的なことを言われたときはやはり傷つきますし、そんな相手の「ありのまま」を受け入れることはなかなか難しいものです。

そんなときには、第五章の内容を思い出してください。

他人に評価を下す人には、それぞれの事情があるのです。

他人の「ありのまま」を認めにくい人は、自分も「ありのまま」を認められずに生きてきたのでしょう。自分自身がたくさんの「プチ・トラウマ」を持ち、評価にがんじがらめになって苦しんでいるので、ちょっとしたことで悲鳴を上げがちなのです。

そんな相手が自分に下してくる不適切な評価を、「攻撃された」ととらえるのではなく、「苦しい悲鳴」ととらえてみるとわかりやすくなります。

こちらに批判的な目を向けてくる相手、つまり、現状を受け入れられずに悲鳴を上げている相手に対して、

「まあ、いろいろあったのだろうな」

「毎日あんなふうに考えていたら、自分が一番苦しいだろうな」

と思って、そのまま受け入れる、ということは、相手の「ありのまま」を認めるということです。

実は、これこそが、こちらに批判的な目を向けてくる相手に最も欠けてい

る体験なのです。

そうやって「ありのまま」を受け入れてもらうことは、その人にも変化をもたらしていきます。

「評価体質」からだんだんと抜けだし、「まあ、人それぞれ事情がある」ということを理解できるようになっていくでしょう。

これは相手を大目に見てあげている態度にも見えますが、実際のところ、そういう見方をして一番楽になるのは自分自身です。

相手から「攻撃された」と思うと苦しいですし「プチ・トラウマ」が増えてしまいますが、単に事情を抱えた相手が苦しくて悲鳴を上げているだけであれば、自分自身は傷つかず余裕を持って接することができるのです。

場合によっては、そんな相手がかわいそうになって、つながりすら感じることでしょう。

そして、そういう態度を身につけていくと、「他人とは、自分に評価を下して傷つける存在」という長年の見方からも解放されていきます。

「他人とは、しばしば困って悲鳴を上げる、不完全な存在」という程度の位置づけになるのです。

人の話を聴くときは、データベースをできるだけ手放して現在に集中すること、それが難しいような「評価体質」の人と接するときには相手の評価を「悲鳴」と見てあげることで、相手の「ありのまま」を受け入れやすくなりますし、「大変な人生なんだなあ」と相手とつながれば、それが「『他人の目』が気になる心」の手放しへとつながっていきます。

POINT

批判的で攻撃的な人の「ありのまま」を認めて「つながる」と、相手も変わり、自分も楽になる

自分の「ありのまま」をさらけ出してみよう

「『他人の目』が気になる心」は、自分をオープンにさらけ出す心とは正反対のものです。

しかし、こちらが自分をオープンにさらけ出さないと、相手も気持ちをさらけ出してくれないことが多く、相手が本当のところ何を思っているのかがわからなくなります。

相手の気持ちがわからないと「つながり」も感じられませんし、結果として、「他人とは、自分に評価を下して傷つける存在」という感覚が修正されません。これは悪循環を作っていきます。

ですから、「他人とは、自分に評価を下して傷つける存在」という感覚を修正していくためには、少しずつ、自分をさらけ出す努力が必要なのです。

これが強烈な形で起こるのが、対人関係療法の治療場面です。うつ病や摂食障害などの病気を持っているということを家族や恋人など身近な人に打ち明けるということは、間違いなく自分をオープンにするということです。

自分が病気であること、自分が助けを求めていることを伝えるのです。もちろんこれは勇気を要することですし、多くの人が最初は躊躇《ちゆうちよ》します。しかし、治療の中でだんだんと安心を感じ自分を大切にする気持ちが育ってくると、やはり「打ち明けよう」と思うようになっていきます。

そして、きちんと打ち明けると、打ち明けた相手がよほど難しい問題を抱えているのでない限り、受け入れてもらえるものです。

病気を打ち明けたりしたら異常人物だと思われて嫌われてしまうのではな

いか、という心配とは正反対で、実際には、
「よく打ち明けてくれたね」
「どうしてもっと早く言ってくれなかったの」
などと言われて関係性が深まることが多いのです。

こうやって自分の「ありのまま」を受け入れてもらうことは、計り知れない治療効果を持つものです。

ここまで大きなことでなくても、少しずつ、自分の「ありのまま」をオープンにしてみましょう。

ただし相手は選ぶ必要があります。

「評価体質」の人はくれぐれも選ばないようにしましょう。

こちらの「ありのまま」を受け入れてくれる、安全な人を選びましょう。「アドバイスはしないでただ聴いてくれればいいから」と一言言っておくのも安全な環境作りに効果的です。そうすることで、相手もただ聴くことに集中してくれるでしょう。

POINT

自分の「ありのまま」をさらけ出す勇気が、相手との「つながり」をもたらす

どんな人間もそれほど自信があるわけではない

ある吃音《きつおん》の方の例があります。

その方は吃音のある自分が恥ずかしくてたまらず、人と会ったときも、挨拶をすると吃音が出てしまうから、と、無言で通り過ぎていました。

無言で通り過ぎられた相手は、そんな態度に寂しさや不満を感じていたことでしょう。

私はその方に「気持ちが伝わることが大切なのだから、笑顔で会釈してみたらどうでしょう」と提案してみました。

その方はとても驚いた様子でしたが、納得してやってくださいました。

そうしたら相手もとても喜んでくれて、ぐっと親しくなったそうです。

ここから何がわかるかというと、どんな人間もそれほど自信があるわけではない、ということです。

つまり、相手は自分のことをどう思っているのだろう、ということを気にしているのは自分だけではないのです。

こちらが無言で通り過ぎてしまうと、相手は「自分は嫌われているのだろうか」と心配になるのです。しかし、笑顔で会釈すれば明確に好意が伝わりますから、相手もほっとして喜ぶ、ということなのです。

「他人の目」が気になっているときには、どうしてもそんなリアルな「相手」が視野に入らなくなってしまいますので、

「うまく話せないのなら話さないほうがまし」

「こんな話し下手な自分の話なんて聴きたい人がいるわけもない」
と思ってしまいがちですが、そういう姿勢そのものが、相手との間に分離を作り出しているということを思い出すようにしましょう。

POINT

「相手は自分のことをどう思っているのか」と気にしているのは自分だけではない

第七章

自分のルックスとのつきあい方（ケーススタディ）

ここまで「他人の目」について見てきましたが、何と言っても他人から見たときに一番目に付くのは自分のルックス。「こんな自分はどう見られるのだろう」と、「他人の目」を気にすることになってしまいます。

本章では、そんな「自分のルックス」とのつきあい方を、ケーススタディを通して見ていくことにします。

ケース1

「あそこで笑っている人は、自分の体型を見て嘲笑しているんじゃないか？」といつも不安です。

最近SNS上で、「電車に超ブサイクがいた」「このデブ邪魔なんだけど」などの書き込みをよく見ます。ひどいときには、その罵詈雑言《ばりぞうごん》とともに盗撮画像までもがインターネット上にアップされているんです！

自分もデブでブサイクなので、いつどこで誰に悪口を言われているかと思うと、怖くて怖くてたまりません。

①分析

多くの人が、実はそれほど他人の外見を気にしていません。基本的に、他人の外見についていろいろ言う人は、自分自身の外見もかなり気にしているものです。

そして、確かに、他人の外見を嘲笑するような不幸な人もいます。「不幸な」と書いたのは、その人の人生がそれほど空虚だという意味です。人生には、そんなことよりももっと豊かで大切なことがあると知らない人たち、と言えます。

②解決法

もしも自分が逆の立場だったら、人の体型を見て嘲笑するでしょうか?

しませんよね。外見はなかなか自分で選べないものだからです。
そんな人を嘲笑するなんて、それは人間として、とても悲しい行動だと思うのです。もっと大切なことを知らないので、人の外見を嘲笑したりするしかないのでしょう。「かわいそうに」と思う程度で十分だと思います。自分の優しさを大切にしましょう。

ケース2

「自撮り」やプリクラでうまく撮影できた自分の姿以外を認められず、普段はマスクをして過ごしています……。

自分が一番かわいく見える角度をコントロールでき、なおかつ気に入るまで何度でも撮り直しができる「自撮り」やプリクラ。それに比べて、街のショウウィンドウなどにふと映った自分のなんと醜いことか……。

この格差が辛くて辛くて、マスクが手放せなくなってしまいました。

①分析

「自撮り」でかわいく見えるテクニックや、プリクラでの写真の加工。これらは遊びとして楽しむ分にはかまわないのですが、自分の願望をある程度実現してしまっているために、素の自分とのつきあいが難しくなっているのだと思います。

②解決法

この問題についてですが、「今は、これでよい」のだと思います。

今の社会、マスクをしている若い人たちはとてもたくさんいます。多かれ少なかれ、自分を隠したい心の表れだと思うのです。マスクが安心を提供してくれるのであれば、今はそれでよいのだと思います。

「マスクが外せないこと」よりも「マスクをすればできること」に目を向け

てみたらどうでしょうか。だんだんと、自信の幅が広がってくると思います。そしていつか、マスクを外せるようになるのではないでしょうか。

ケース3

加齢で「今のルックス」を失うのが怖い！

ほうれい線が目立ち始め、白髪がちらほらしてきた頃から、加齢によるルックスの低下が怖くなってきました。これからは、悪くなることはあってもよくなることはないのだと思うと、とても辛いです。

①分析

人間、誰でも年をとります。変化はどんな人にとってもストレスになり得るもの。しかも、「喪失」が目立つ加齢という変化は、乗り越えるのがなかなか難しい性質を持っています。

しかし、「変化」には、マイナスの側面だけがあるのではありません。プラスの側面もあります。

②解決法

年をとることは、本当に「悪くなることはあってもよくなることはない」のでしょうか。積み重ねられる社会経験、同じく年をとっていく人たちとの連帯意識も温かいものです。

それ以上に思うのは、多くの人が怖れる「加齢」を、ちょっと違った姿勢で経験してみよう、と考えるのはどうでしょうか。

人間は生物ですので、間違いなく年をとっていきます。白髪も出てくるし、ほうれい線も目立ってきます。その変化を怖れるのではなく、その変化に見合っただけの人間的成長をしていこう、と考えるのはいかがでしょうか。

もしも今の自分のことをネガティブに見る若者がいたら、「まあ、未熟だからまだわからないだろうけれど、あなたたちもいずれ年をとるのよ」という気持ちでいる程度でよいと思います。

なお、

「年をとったからこれができない……」

「もうこの服は着られない……」

などと、加齢を理由にして自分で限界を設けるのをやめてみるだけでも、「喪失」は少なくすることができます。

格好のよいお年寄りは、間違いなく存在していますよね。和服で凛《りん》としている人、大胆な格好をしている欧米人、年を重ねるごとに気品を増していく人、など、探してみればよいロールモデルが見つかると思います。私もその一人になれるように努力したいと思っています。

ケース4

自分のコンプレックスを隠してくれる化粧品を探し続ける「コスメジプシー」がやめられません。

思春期から肌が汚いことが悩みで、それを解決するための理想のコスメ探し（通称「コスメジプシー」）がやめられません。効果のあるアイテムを見つけると、「これがこんなに効いたのだから、もっといいものがあるはず」「もっと、もっと」と際限なく求めてしまうんです……。

①分析

人間にはそれぞれ事情がある、ということを本書でも見てきましたが、生まれつきの体質、肌の状態など、自分で選べないことはたくさんあります。でも、同じ肌の状態でも、とても気になるときとそれほどでもないときがあると思います。自分の欠点の気になり方というのは、実は生活の中のストレスのバロメーターとして役立てることができるのです。

②解決法

「もっと、もっと」となってしまっているときは、人生がうまくいっていないときだと思います。その背景は、肌そのものにあるのではなく、誰かとの関係がうまくいっていない、目標を見失ってしまった、など、違うところにある場合が多いです。

ですから、「コスメジプシー」状態になったときこそ、自分の生活を振り返ってストレスや不安の素《もと》を探してみてください。

「肌が汚いからうまくいかない」のではなく、「うまくいかないから肌が気になる」と考えてみると、別の視野が開けるはずです。そちらを解決していければ、まあまあのコスメで仕方ないや、と思えるようになると思います。

また、ストレスフルな時期には、自分を労《いたわ》ることが必要です。うまく装うことよりも、入浴してリラックスしたりする時間を作ってください。

第八章

行動を制限する「他人の目」とのつきあい方（ケーススタディ）

この頃、「仕事ができない人の特徴トップ5」「嫌われる人の口癖ワースト5」などの記事の蔓延《まんえん》もあって、「仕事ができないと思われないように」「嫌われないように」と自らの行動を制限する人が増えているように感じます。

本来、自分には内心の自由も行動の自由も（法に触れない限り）あるはずなのですが、「他人の目」を気にして自分を縛っているような感覚を持つ方は多いのではないでしょうか。

本章では、そんなケースを見ていきたいと思います。

ケース5

何をするにしても「〝自分を承認してもらいたいアピール〟だと思われたらどうしよう」と考えてしまい、何も行動できなくなります。

夜中に仕事のメールを送る前には「〝こんな時間まで仕事してますアピ

ール〃だと思われたらどうしよう」、自分の顔が嫌いと愚痴りたいときも「〃そんなことないよって言われたいアピール〃ととらえられたらどうしよう」、電車でビジネス書を読んでいるときにも「〃デキるやつアピール〃だと思われたらどうしよう」……。なんでこんなにびくびくしているのか、自分でもわかりません。

①分析

それぞれの行動は、とても自然なことだと思います。仕事のメールを送るのが夜中になってしまうこともありますし、顔について愚痴りたいときもあるでしょう。読書の自由がいつでもあることは、誰でも知っていると思います。

ご相談の文章を読んでいると、まるでこの方が自分のために生きていないように感じます。他人のために生きているようなのです。

それでも気になってしまうのは、「いじめ」を中心とした最近の文化故なのかもしれません。そんな時代は早く去ってほしいと思います。

②解決法

さて、そうは言っても、今の時代は時代。本当に心配なら、夜中にメールを送る際には、「もっと早い時間に送ったつもりでいたのに、まだ送れていませんでした!」などと書き足せば、嫌みな感じは減るでしょう。

あるいは、「そんなことないよって言わなくていいから、愚痴を聞いてね」と言って顔について愚痴ればよいのです。ビジネス書が恥ずかしければ、ブックカバーをかけましょう。

ただ、これらはあくまでも「今の世の中で生きていくための対症療法」であって、本質的には、少しずつの勇気を出して、文化を変える一人になりたいですね。

ケース６

「私、人見知りなんです」「コミュ障なんです」などの自己防衛フレーズは使うべきでない？

コミュニケーション下手だと相手に思われる前に、「自分はコミュニケーションが下手ですよ」と自己申告するようにしています。相手が期待するコミュニケーションはできないかもしれないからゴメンね……という意味で使っていたのですが、友達に「気まずい空気になっても私のせいじゃない」と逃げるための言葉だ、と指摘されてしまいました。やはり、こういう「自己防衛フレーズ」は使わないほうがいいんでしょうか？

①分析

お友達の「逃げ」という決めつけも、ひどい評価の押しつけだと思います。そのお友達は評価体質なのかもしれませんね。真に受けず、「そうかもね」程度で逃げて、距離を置いてもよい人なのかもしれません。

②解決法

自己防衛フレーズを使いたいのであれば、それによって何を言いたいかも同時に言えばよいと思います。

「私、人見知りなんです。だから気まずい雰囲気になったらごめんなさい」

「私、コミュ障なんです。だからうまく会話できないかもしれないけれど、すみません」

と言えば、「自分のせいではない」という「逃げ」になるどころか、むしろ「自分をさらけ出したやりとり」になると思います。

「ええ？　そんなことないよ。私もね……」と話がはずむかもしれません。

ケース7

レッテル貼りをされないように発言を選んでいるため、素直に発言ができません。

好きな本のタイトルや好きな文化人を挙げると「意識高い系（笑）」などと揶揄《やゆ》されます。こういう、「〇〇系」とレッテル貼りしてくる人に本当に腹が立っています。彼らにレッテル貼りされたくないので、いちいち「この発言はレッテル貼りされるかな？」と自問してから発言しているのですが、それもなんだか悔しいです。

①分析

「レッテル貼り」はものすごい心の暴力です。

こちらのありのままを、勝手に「〇〇系」と決めつけてくるからです。

なぜ人はそんなことをするのか、と考えてみると、「とりあえず安心したいから」なのではないかと思います。自分には難しい話を、「〇〇系」と決めつけてしまえば、楽になるのでしょう。本当はよく話を聴き考えなければならないのは、自分のほうなのに、です。

②解決法

相手にどの程度のことを期待するか、というのは、案外大切な判断です。レッテル貼りの被害に何回かあったら、

「この人とこういう話をするのは危険だな」
「この人とはこの程度の話にとどめておいたほうがよいな」

と判断してよいと思います。

それは悔しいことではなく、相手に対する思いやりのようなもの。自分よりも浅い思考しかできない人にとっての限界、と見てあげればよいでしょう。

ケース8

気楽な単独行動が好きだけど、「寂しい人」「友達が少ない人」と同情されたくはない！

趣味が食べ歩きなので、よく一人で飲食店に行くのですが、カップルや親子連れ、女性グループなどに「あの人一人で寂しくないのかな？」「〝ぼっち〟（ひとりぼっちの略）だね（笑）」と同情されるのだけはイヤです。本当はそんなことを気にせずカフェでスイーツなどを食べたいのですが、どうしても他人の目が気になって満喫できません。

①分析

もしも同情してくる人がいるとしても、それはその人の世界観が狭いだけ。一人で行動する自由を知らないだけ、と考えられます。人生、自分がやりたいことをやっていくことによる充実感は他のものに代え難いです。それは、仲間がいようと、一人であろうと、関係のない話です。人によっては仲間がいないと耐えられない、という場合もあるかもしれませんが、この方は一人でも大丈夫な方のようです。

②解決法

「群れる」ことに汲々《きゅうきゅう》としている人から見れば、「ぼっち」ということになるでしょう。でも、世の中を見渡してみれば、一人で飲食している人はいくらでもいます。もちろん悪いことでも何でもありません。

群れることしかできない人たちに対して、一人で行動することの素敵さを教えてあげる、くらいの気持ちでよいのではないでしょうか。実際、他人にお伺いを立てずに好きなことができるのは、自立した人間として、とても素敵なことだと思います。

ケース9

いわゆる「スペック」の低さが原因で、恋人をつくろうという気が起きません。

私は、顔面偏差値も低ければ身長も低く、低学歴で低収入、おまけに出身地の魅力度も低いという、いわゆる「低スペック」の人間です。誰もが羨む「高スペック」の恋人をつくってみんなを見返してやろうとも思うのですが、スペックの低さが原因で異性に話しかける気すら起きません。

※スペック＝パソコンなどの性能を表す言葉ですが、転じて「人の身体的特徴、趣味、学歴、仕事などの階級を表す言葉」として使われています。

①分析

人を「スペック」として見ている時点で、すでに「プチ・トラウマ」の世界に入っていると思います。

人間は人であって、モノではありません。パソコンならば部品を入れ替えてよりよくできるでしょうが、人間はそれぞれの事情によって「どうしても変えられない部分」があるものです。ですから、「スペック」という概念に当てはまらないのです。

②解決法

解決の方法は、「スペック」の世界から脱することにこそあって、「高スペック」になることや「高スペック」の恋人を得ることではない、とまず決めてください。

自分や他人をモノ扱いするのはやめましょう。

それよりも、誠実に生きていこうとか、誠実な人を見つけていこうとか、人にちょっとした親切をしてみるとか、モノにはできないことをしてみたらどうでしょうか。誠実で親切、という人柄は、出身地などよりもよほど重要だと思います。解決の方向はそちらにあるのではないでしょうか。

ケース10

「世間体が悪い」という理由で離婚を思いとどまっています。

夫婦の関係は完全に冷め切っているのですが、世間体を考えると離婚に踏み切れません。世間の目を気にせず好きに生きられたほうが精神的にラクになるのはわかっているのですが、今まで順風満帆《じゅんぷうまんぱん》な生き方をしてきたので、離婚で人生にキズをつけたくないという気持ちもあります。

①分析

もちろん離婚するといろいろと自分の心が傷つくことはありますが、離婚そのものは「キズ」でも何でもなく、自分の生き方の一つの選択です。離婚を選択するのであれば、それは「順風満帆」の定義を自分なりに変えることを意味します。

そもそも、「順風満帆な生き方をしてきたので、人生にキズをつけたくない」というのは、「他人の目」を通したものの見方です。

②解決法

自分の親しい友人が、「世間体を考えると離婚に踏み切れない」と身動きがとれず、ストレスフルな生活を送っていたら、何と言うでしょうか。「あなたの人生にキズがつくから、やめなさい」と言うでしょうか。

離婚に至るには様々な事情があるはずです。人生を共に歩もうと思って結婚した同士でも、時の経過と共にそれぞれが別の方向をむいてしまう、ということは仕方のないことでしょう。

親しい友人が離婚したら、「キズもの」扱いをせず、生活が大きく変化するストレスフルな時期を支えてあげたいと思うものではないでしょうか。

「世間」は人の集合体。「評価体質」の人は、離婚についてもデリカシーのないことを言うかもしれません。でも、その人たちが「世間」を代表しているわけではないのです。人生を乗っ取られないように注意したいものです。

第九章

「他人の目」が気になる心を手放して、人生を広げよう

本当の世界が見えていますか？

「他人の目」が気になっている間の私たちの人生は、「自分がどう見られるか」という一点しか見ていないようなものです。

実際の相手のことも、自分自身も、本当のところ見ていないと言えます。

まるで、強度の近視の人が、めがねもかけずに、ものすごく近くの一点だけを見て暮らしているようなもので、その周囲に広がっている本当の世界が見えていないのです。

「『他人の目』が気になる心」を手放すと、ぐんと視野が広がります。

すでにその一部を本書でも見てきました。

相手もいろいろな事情を持った人間であり、そこには様々な心の動きがあり、努力してもできないこともあり……というように、相手のことも奥行きのある人間として見ることができるようになります。

また、自分自身についても、より深く見ることができるようになってきます。

「他人の目」を気にしているときの私たちは、常に自分の「足りないところ探し」をして、ダメ出しばかりしています。

自分がどう見えるかを自分でチェックし、批判されるようなところがないかにばかり目を向け、批判されないように形を整えるために多くのエネルギーを使っていると、本来自分の中にある力に気づかなくなってしまいます。

184ページでご紹介したAHの場でいつも体験されることは、自分の中にはとても温かいこころがある、という気づきです。

相手の話を「データベース」を通して評価を下しながら聴いている限りその気づきはないのですが、「データベース」を手放して聴くようにすると、自分の中から温かさがわき出してきて、それが相手とつながるのを感じます。その温かさは自分にももちろん向けられます。「人間っていいな」というのが、よく聴かれる感想です。

POINT

「『他人の目』が気になる心」を手放すと、ぐんと視野が広がる

自分の中にある豊かな力に気付こう

「他人の目」にとらわれながら生きるか、それをやめるか、というのはもちろん個々人の選択です。

でも、「他人の目」にとらわれて生きている限り、人生そのものの幅が狭くなり苦しくなるだけでなく、自分の中にある豊かな力に気づけなくなるというのはとても残念なことだと思います。

また、いつまでたっても「他人とは、自分に評価を下し傷つける存在」という信念を手放せないのも、人生の質をとても下げると思います。

自分の中にある豊かな力に気づき、その力とつながりながらいろいろなもの（相手や、持ち物、食べ物、それらを作った人）とつながっていこうとするところに、人生の広がりが生じます。相手のこと、持ち物のこと、食べ物のこと、それらを作った人のことについて、今までは気づかなかったような豊かな側面に気づいていくことができるでしょう。

それはまさに、強度の近視の人が、初めてめがねやコンタクトレンズをしたときと同じような、爽快で鮮やかな視野の広がりになります。

考えてみれば、「プチ・トラウマ」を受ける過程で私たちは「お前はこの程度の人間だ」という信念を刷り込まれてきています。

それは私たちの特性によって決められた「程度」ではなく、単に「プチ・トラウマ」を与えてきた人たち自身の「プチ・トラウマ」を反映したものなのです。

その信念に従ったまま一生を生きるのか、つまり、自分自身も同じように自分や他人に「プチ・トラウマ」を与える連鎖に入っていくのか、あるいは、思いきってそこから一歩を踏み出して本当の自分に触れるのか、それを選ぶ力が自分にはある、ということを知っておきましょう。

POINT

あなたには、「プチ・トラウマ」から踏み出して本当の自分に触れる力がある

本来の「人の優しさ」に触れるために

人は本来、優しいものだと思います。

しかし、「プチ・トラウマ」の影響を強く受けていると、「他人とは、自分に評価を下して傷つける存在」という信念が固まっていますし、「つい言ってしまう人」「評価体質の人」などがその信念を強化してしまいます。

これらの人たちは「優しくない」というわけではなく、本来は優しい人であるはずだけれども、それぞれの事情の中、その優しさが見えない振る舞いをしてしまっている、ということになります。

もちろん、相手の事情をこちらが代わりに解決してあげることはできませんから、現時点ではどうしても本来の「優しさ」を感じさせてくれない人もいます。

でも、相手の事情をじっくりと聴いてみたり、「攻撃」に見えるものを「心の悲鳴」ととらえてみるなど視点の転換をしてみたりすると、「優しさ」までは感じられなくても、「一生懸命生きているのだ」ということくらいは感じられるようになります。

自分を傷つけるような言動は、その一生懸命さの中で余裕なく起こってきたことで、自分を傷つけることが主目的で起こってきたものではない、ということもわかります。

「攻撃された！」と思って反撃したり自己正当化したりすると相手もまた反撃や自己正当化をしてくるのですが、「そんなに大変なんだ」という優しい思いで見ていると、相手からも攻撃のエネルギーが減り、優しい側面が見えてくることもあります。

少なくとも反撃が激化するということはないでしょう。

「『他人の目』が気になる心」を手放すということは、自分をオープンにさらけ出すということです。

例えば、「他人の目」が気になるという気持ちを伝えるだけでも、かなりのさらけ出しになります。

すると、自分も同じように気になるという人も出てきて、つながりを感じることもありますし、優しくなってくれる人も出てきます。

相手の優しさに触れるためには、ただ待っているだけでなく、自分側の視点を転換したり自分をさらけ出したりすると、とても効果的なのです。

なぜかというと、本来人は優しいものなのにそれが発揮できないのは、自己防衛をしているからです。

優しさなどをさらけ出してしまうとやられてしまう、と思っている人たちには、「さらけ出しても大丈夫」という安心感を与えると、優しさを見せてくれることが多いものです。

ですから、まずはこちらからさらけ出す、というのはとても有効な手段になります。ただし「評価体質」の人に対しては、さらけ出すよりも「心の悲鳴」という視点の転換のほうが安全でしょう。

POINT

相手の本来の優しさに触れるためには、自分側の視点を転換したり、自分をさらけ出したりすることが効果的

活動範囲が広がっていく

「『他人の目』が気になる心」は、私たちの行動をずいぶんと縛るものです。

例えば、体型が気になる人は、「やせさえすれば○○できるのに」と思うことによって、同時に「やせていない今は○○できない」と自分の行動を縛っていることになります。

あるいは、「もっと社交に自信が持てれば、いろいろなところに顔を出せるのに」と思っている人は、「社交に自信がない今は、いろいろなところに顔を出せない」と思っているのと同じです。

「『他人の目』が気になる心」を手放すことができれば、これらの行動制限も手放すことができるでしょう。

「やせていないけれども○○したいからしよう」

「社交にはちょっと自信がないけれども、それでもいろいろと顔を出してみよう」

と、活動範囲が広がるのです。

そしてもちろん、活動範囲が広がれば、それだけ視野が広がり、いろいろな人とのリアルなかかわりもでき、人の事情を知ったり、自分を受け入れてもらったりする機会が増えますから、結果としてますます「『他人の目』が気になる心」を手放しやすくなるでしょう。

これは、「現在とのつながり」という観点から見ることもできます。

「やせさえすれば○○できるのに」と言っているとき、私たちは「やせるまでは人生を保留にする」と言っているようなものです。

本当の人生はやせてから始まる、ということになると、それまでの人生は何なのでしょうか。これが、「未来が現在を乗っ取る」という現象なのです。「もっと社交に自信が持てれば、いろいろなところに顔を出せるのに」というのも同じです。本当の人生は社交に自信が持てるようになってから始まる、ということだと、人生は永遠に始まらないでしょう。

なぜかというと、社交に自信を感じる自分は、「現在」にしか存在し得ないからです。

現在、少しずつ自分をさらけ出し、少しずつつながりを感じ、ということを積み重ねていく先にこそ、「社交に自信のある未来」、つまり「社交している自分についてよい感覚が持てる未来」が来るのです。

「未来」というものは独立して存在するわけではなく、単に現在を一歩一歩積み重ねていった先のことを言うのです。

POINT

「『他人の目』が気になる心」を手放すと
活動範囲が広がり、活動範囲が広がると
さらに「他人の目」が気にならなくなる

「『他人の目』が気になる心」の活用法

実は「『他人の目』が気になる心」はいつも一定しているわけではありません。

人生の中には、「他人の目」が気になる特徴的な時期がいくつかありますし、小さなところでも、「『他人の目』が気になる心」が強く感じられるときとそうでないときがあります。

全般に、「『他人の目』が気になる心」が強く出るときは、ストレスが強いときです。

本書で見てきたように、「『他人の目』が気になる心」とは、自信のなさを反映したものであり、自分についての感じ方を反映したものです。

自分についての感じ方が悪くなるときや、不安でいっぱいになるときには、当然「他人の目」が気になるようになるのです。

ですから、「『他人の目』が気になる心」が強いときには、「今、自分はどういうストレスを抱えていて、自分についての感じ方がなぜ悪くなっているのか」をよく考えてみるとよいでしょう。

ここが、運命の分かれ目です。

「『他人の目』が気になる心」が強く出るときは、自信のなくなるスパイラルにもはまりやすいとき。本来は癒しが必要なときなのに、スパイラルをぐるぐる回ってしまうと、ますます自分を傷つけていってしまいます。

POINT

「他人の目」が気になるときは、自分が癒しを求めているとき。ストレスのバロメーターとして活用しよう

「他人の目」が気になる思春期の方へ

思春期は「他人の目」が気になることが多い時期です。

これは、この時期に身体が実際に変化すると同時に、親から離れた自分を確立するために「自分」に目がいく時期だということもあります。

また、特に女子などは「群れる」時期だということもあります。

小学校高学年くらいから、グループごとに群れるということが始まるのです。そして、同質なものを求め、異質なものを排除するような空気が芽生えます。

これも、自分を確立していくための一つの社会経験なのでしょうが、そのような対人関係パターンが向かない人にとっては苦しいものとなります。

この頃によくある「人がヒソヒソと話して自分のことを笑っているような気がする」というのは、大人であれば「人はそんなに他人のことを気にしない。妄想的」ということになるのかもしれませんが、実際に、思春期の子たちはヒソヒソと笑ったりします。

つまり、それだけ他人のことを気にしており、異質なものを排除しようとしていると言えるでしょう。

スポーツなどに熱中している人の場合、そういう傾向が低いのは、実際に他人のことをあまり気にしていないからだと言うこともできます。

「自分」という意識が出てくる頃には、「他人」にも目がいくようになる、と考えれば、わかりやすいかもしれません。

この時代に、ヒソヒソ笑いをされたり、あるいはもっとひどいケースでは疎外されたりした、ということを背景に、大人になってからの対人関係にもダメージが及んでしまう人もいます。

実際には、大人になってしまえば、それぞれにやるべきこともたくさんできますから、人は他人のことをあまり気にしないものです。逆に、他人のことばかり気にして群れてヒソヒソ笑いをしている、などというのは、子どもっぽい、社会的に不適切な言動として嫌がられるものでしょう。

ところが、思春期の対人関係様式を「人間の本性」だと思ってしまうと、大人になってからも「他人の目」が気になり続ける、ということになります。

そして、実際には何も気にしていない相手に対してすら、「自分はどう見られているのだろうか」ということを気にしてしまうのです。

思春期の環境は時に残酷です。

大人であれば、自分の環境が合わないと思えば変えることもできますが、思春期は基本的には親元にいなければならないし、学校もそうそう変わることができません。

学校というのは、案外社会から孤立した空間ですから、そこで苦しんでいる子どもが孤立無援のまま絶望を深めていかざるを得ない、ということもあるのです。

ですから、「他人の目」問題をはじめ、どうして自分の環境はこんなに苦しいのだろうか、と思うときがあったら、ぜひ信頼できる大人に相談してみてください。

それは親かもしれないし、親でないかもしれません。「評価体質」の人に話すと、「気にしすぎ」

「そのくらい自分で乗り越えなさい」

などと言われかねません。

話しても大丈夫そうな、わかってくれそうな大人であればよいと思います。その大人に、誰に相談したらよいかの意見を求めてもよいでしょう。

「大人になればもうこんなことは起こらないよ」

「これはこの時期に特徴的なものだけど、それにしてもたちが悪いから、学校からは距離を置いたら？」

などと、その状況を位置づけてもらえるだけでも違うと思います。

POINT

思春期は「他人の目」を気にしがちな時期。
苦しいときには、学校という閉鎖空間から
離れた視野で話せる大人に相談を

あとがき

さて、本書をどんなふうに読んでこられたでしょうか。

いろいろなケースを通して見えてくるのは、気になるのは「他人の目」そのもの、というよりも、「頭の中で想像する『他人の目』」のような気がします。様々な「プチ・トラウマ」を経て、「こんなことをしたら○○と思われるのではないか」という声が、自分の頭の中から聞こえてくるのだと思います。

もちろん、「評価体質」の人は明らかに存在しますし、時々ギョッとするようなことも言われるでしょう。でも、「自分だったらそんなことを言うだろうか」と自分に問いかけながら、だんだんと「頭の中で想像する『他人の目』」を癒していく必要があると思うのです。つまり取り組むべきは「他人から○○と思われるのが怖いから、本当はやりたいけれども我慢する」というような方向ではなく、「ああ、これが自分の頭の中にある『他人の目』なんだな」と気づき、少しずつ自分を癒していく、という方向にあると思います。

本書を読んでこられて明確になったと思いますが、「他人の目」を気にする姿勢は、明らかに人生を縛ります。

何をするにも、「頭ではわかっているのだけれど、○○と思われたらどうしよう」というブレーキが働いてしまうからです。

でも、せっかく人間として生まれてきたのだから、人生は楽しみたいもの。実は同じような悩みを、多くの人が持っていると思います。ですから、本書の内容に取り組んでいくことは、明らかに文化を変えていくことにつながると思うのです。

のびのびしている人を見ると、人は「いいな。あんな人になりたいな」と思うことが多いでしょう。それが、「そうか、自分ものびのびしてよいのだ」という気づきにつながることもあると思います。「みんな一緒」は、せいぜい中学生時代までの価値観。大人になるということは、人の多様性を受け入れられるようになる、ということです。

今は、いじめがあまりにも当然のように横行していますが、「『他人の目』が気になる心」を手放すのは、「そういう社会をやめようよ」というメッセージでもあります。それぞれが多様でよい。人と違っていてよい。そういうメッセージの発信者になっていきませんか？　私も本書を、そんな気持ちで世に送り出したいと思います。

最後になりますが、編集にご尽力いただいた光文社の須田奈津妃さんに心から感謝いたします。

知恵の森
KOBUNSHA

「他人《たにん》の目《め》」が気《き》になる人《ひと》へ
自分《じぶん》らしくのびのび生《い》きるヒント

著　者──水島広子（みずしま ひろこ）

2016年　8月20日　初版1刷発行
2024年　1月20日　　　7刷発行

発行者──三宅貴久
組　版──萩原印刷
印刷所──萩原印刷
製本所──ナショナル製本
発行所──株式会社 光文社
東京都文京区音羽1-16-6 〒112-8011
電　話──編集部(03)5395-8282
書籍販売部(03)5395-8116
業務部(03)5395-8125
メール──chie@kobunsha.com

落丁本・乱丁本は業務部でお取替えいたします。
ISBN978-4-334-78703-5　Printed in Japan